Yavaş Lezzetler

Lezzetli Yemeklerin Zamansız Sanatı

Canan Yılmaz

Özet

Erişteli tavuk, yavaş pişirici

İÇİNDEKİLER

- 2 çay kaşığı granüle tavuk suyu veya bazı

- 1 yemek kaşığı kıyılmış taze maydanoz

- 3/4 çay kaşığı kümes hayvanı baharatı

- 1/3 bardak. doğranmış Kanada pastırması veya füme jambon

- 2 veya 3 havuç, ince dilimlenmiş

- 2 sap kereviz, ince dilimlenmiş

- 1 küçük soğan, ince dilimler halinde kesilmiş

- 1/4 bardak. şelale

- 1 ızgara tavuk (yaklaşık 3 pound), parçalara ayrılmış

- 1 kutu (10 3/4 oz) yoğunlaştırılmış çedar peyniri çorbası

- 1 yemek kaşığı çok amaçlı un

- 1 paket (16 oz). büyük yumurtalı erişte, pişirilmiş ve süzülmüş

- Dilimler halinde kesilmiş 2 yemek kaşığı yenibahar

- 2 yemek kaşığı rendelenmiş parmesan

HAZIRLIK

1. Küçük bir kapta tavuk suyunu veya et suyunu, kıyılmış maydanozu ve tavuk baharatını birleştirin; bir kenara.

2. Yavaş pişiriciye pastırma veya Kanada jambonu, havuç, kereviz ve soğanı katlayın. Su ekle.

3. Tavuğun derisini ve fazla yağını çıkarın; durulayın ve kurulayın. Tavuğun yarısını yavaş tencereye koyun. Ayrılmış baharat karışımının yarısını serpin. Kalan tavuğu üstüne koyun ve geri kalan baharat karışımını serpin.

4. Çorbayı ve unu karıştırıp tavuğun içine dökün; karıştırmayın

5. Kapağı kapatın ve YÜKSEK ayarda 3 ila 3 1/2 saat veya DÜŞÜK ayarda 6 ila 8 saat veya tavuk yumuşayana ve kemik boyunca kesildiğinde tavuk suyu temiz akana ve sebzeler yumuşayana kadar pişirin.

6. Sıcak pişmiş erişteleri 2 ila 2 1/2 litrelik sığ bir tabağa koyun. Tavukları eriştelerin üzerine yerleştirin. Çorba karışımını ve sebzeleri bir araya gelinceye kadar tencereye karıştırın. Bir kaşıkla sebzeler ve tavuğun suyunun bir kısmı. Dilimlenmiş biber ve parmesan serpin.

7. Isı kaynağından 4 ila 6 inç uzakta 5 ila 8 dakika veya hafifçe kızarana kadar pişirin.

8. İsterseniz bir dal maydanozla süsleyin.

9. Alp usulü tavuk tarifi porsiyon 4

Soğanlı tavuk

İÇİNDEKİLER

- 4 büyük soğan, ince dilimler halinde kesilmiş

- 5 diş sarımsak, doğranmış

- 1/4 bardak limon suyu

- 1 çay kaşığı tuz

- 1/4 çay kaşığı kırmızı biber (veya istenirse daha fazla)

- 4 ila 6 dondurulmuş kemiksiz tavuk göğsü, çözülmesine gerek yok

- sıcak pişmiş pirinç

HAZIRLIK

1. Pirinç dışındaki tüm malzemeleri tencereye koyun. iyice karıştırın 4-6 saat DÜŞÜK ayarda veya tavuk iyice pişip hâlâ yumuşayana kadar pişirin.

2. Pilavın üzerinde servis yapın.

Maydanozlu Tavuk Topları

İÇİNDEKİLER

- 4 ila 6 tavuk göğsü, derisiz

- 1'er tutam tuz, karabiber, kurutulmuş kekik yaprağı, öğütülmüş mercanköşk ve kırmızı biber

- 1 büyük soğan, dilimlenmiş, bölünmüş

- 2 pırasa dilimler halinde kesilmiş

- 4 havuç, büyük parçalar halinde kesilmiş

- 1 diş sarımsak, kıyılmış

- 1 su bardağı tavuk suyu

- 1 yemek kaşığı mısır nişastası

- 1 kutu (10 3/4 ons) yoğunlaştırılmış kremalı tavuk çorbası

- 1/2 bardak sek beyaz şarap

- Mantı

- 1 fincan Bisquick

- 8 yemek kaşığı süt

- 1 çay kaşığı kuru maydanoz gevreği

- biraz tuz

- Şili

• bir tutam kırmızı biber

HAZIRLIK

1. Tavuğa tuz, karabiber, kekik, mercanköşk ve kırmızı biber serpin. Tavanın dibine soğan dilimlerinin, pırasanın ve havuçların yarısını koyun. Tavukları sebzelerin üzerine dizin. Kıyılmış sarımsağı tavuğun üzerine serpin, ardından kalan soğan dilimlerini ekleyin. 1 çorba kaşığı mısır nişastasını 1 bardak tavuk suyunda eritin, ardından kremalı tavuk suyu ve şarapla birleştirin. Yaklaşık 3 saat boyunca YÜKSEK veya yaklaşık 6 saat boyunca DÜŞÜK pişirin (DÜŞÜK seviyede pişiriyorsanız köfteleri eklerken YÜKSEK konuma getirin).

2. Tavuk yumuşak olmalı ancak kuru olmamalıdır.

3. **Köfte:**1 bardak bisquick, yaklaşık 8 yemek kaşığı süt, maydanoz, tuz, karabiber ve kırmızı biberi karıştırın; Toplar haline getirin ve pişirmenin son 35-45 dakikasında tavuk karışımının üzerine yerleştirin.

4. 4'ten 6'ya kadar hizmetler.

Soğanlı Mantarlı Tavuk

İÇİNDEKİLER

- 4 ila 6 kemiksiz tavuk göğsü, 1 inçlik parçalar halinde kesilmiş

- 1 kutu (10 3/4 ons) kremalı tavuk veya kremalı tavuk ve mantar çorbası

- 8 ons dilimlenmiş mantar

- 1 torba (16 ons) dondurulmuş taze soğan

- Tatmak için biber ve tuz

- garnitür için kıyılmış maydanoz

HAZIRLIK

1. Tavuğu yıkayıp kurutun. Yaklaşık 1/2 ila 1 inçlik parçalar halinde kesin ve büyük bir kaseye yerleştirin. Çorbayı, mantarları ve soğanı ekleyin; birleştirmek için karıştırın. Yavaş pişirici parçayı pişirme spreyi ile püskürtün.

2. Tavuk karışımını tencereye dökün ve üzerine tuz ve karabiber serpin.

3. Kapağı kapatın ve mümkünse yarıya kadar karıştırarak 6-8 saat DÜŞÜK sıcaklıkta pişirin.

4. İstenirse doğranmış taze maydanozla süsleyin ve sıcak pişmiş pirinç veya patatesin üzerine servis yapın.

5. 4 ila 6 kişiliktir.

Ananaslı Tavuk

İÇİNDEKİLER

• 1 ila 1 1/2 pound tavuk kanadı, 1 inçlik parçalar halinde kesilmiş

• 2/3 bardak ananas reçeli

• 1 yemek kaşığı artı 1 çay kaşığı teriyaki sosu

• 2 diş ince dilimlenmiş sarımsak

• 1 yemek kaşığı doğranmış kuru soğan (veya 1 demet taze yeşil soğan, doğranmış)

• 1 yemek kaşığı limon suyu

• 1/2 çay kaşığı öğütülmüş zencefil

• tatmak için biraz kırmızı biber

• 1 paket (10 ons) şekerli bezelye, çözülmüş

HAZIRLIK

1. Tavuk parçalarını yavaş pişiriciye/tencereye yerleştirin.

2. Reçelleri, teriyaki sosunu, sarımsağı, soğanı, limon suyunu, zencefili ve kırmızı biberi birleştirin; iyice karıştırın Tavuğu ekleyin, kaplayın.

3. Kapağını kapatıp düşük hızda 6 ila 7 saat pişirin. Son 30 dakikada bezelyeleri ekleyin.

4. Hizmetler 4.

Tavuk ve pirinç güveç

İÇİNDEKİLER

- 4 ila 6 adet büyük, kemiksiz, derisiz tavuk göğsü

- 1 kutu tavuk çorbası

- 1 kutu kereviz kreması

- 1 kutu mantar çorbası

- 1/2 bardak doğranmış kereviz

- 1 ila 1 1/2 bardak pişmiş pirinç

HAZIRLIK

1. Yavaş pişiricide 3 kutu çorba ve pirinci birleştirin. Tavuğu karışımın üzerine yerleştirin, ardından doğranmış kerevizi ekleyin. Yüksek ayarda 3 saat veya düşük ayarda yaklaşık 6-7 saat pişirin.

2. 4 ila 6 porsiyon yapın.

Biberli tavuk

İÇİNDEKİLER

- 1 inçlik parçalar halinde kesilmiş 6 kemiksiz yarım tavuk göğsü

- 1 su bardağı doğranmış soğan

- 1 bardak doğranmış biber

- 2 diş sarımsak

- 2 yemek kaşığı. sebze yağı

- 2 kutu Meksika domates güveci (her biri yaklaşık 15 ons)

- 1 kutu fasulye

- 2/3 bardak acı sos

- 1 çay kaşığı. biber tozu

- 1 çay kaşığı. kimyon

- 1/2 çay kaşığı. tuz

HAZIRLIK

1.

Tavuğu, soğanı, biberi, sarımsağı bitkisel yağda sebzeler solana kadar soteleyin. Yavaş bir tencereye aktarın; geri kalan malzemeleri ekleyin. Kapağını kapatın ve 4-6 saat boyunca DÜŞÜK sıcaklıkta pişirin. Pirinçle servis yapın.

2. 4'ten 6'ya kadar hizmetler.

Çin usulü tavuk ve sebzeler

İÇİNDEKİLER

- 1 ila 1 1/2 pound kemiksiz tavuk göğsü

- 2 su bardağı iri kıyılmış lahana

- 1 orta boy soğan, büyük parçalar halinde kesilmiş

- 1 orta boy kırmızı biber, büyük parçalar halinde kesilmiş

- Kikkoman Tavuk Salatası'na 1 salata paketi

- 1 yemek kaşığı kırmızı şarap sirkesi

- 2 çay kaşığı bal

- 1 yemek kaşığı soya sosu

- 1 bardak dondurulmuş karışık oryantal sebze

- 2 yemek kaşığı mısır nişastası

- 1 yemek kaşığı soğuk su

HAZIRLIK

1. Tavuğu 1 1/2 inçlik parçalar halinde kesin. İlk 8 malzemeyi yavaş tencereye yerleştirin; iyice karıştırın Kapağını kapatıp kısık ateşte 5-7 saat pişirin. Mısır nişastasını ve soğuk suyu karıştırın; sebzeleri ekleyin ve sebzeler yumuşayana kadar 30 ila 45 dakika daha pişirin.

2. 4'ten 6'ya kadar hizmetler.

Pirinçli Cornish oyun tavukları

İÇİNDEKİLER

- 2 Cornish av tavuğu

- 1/2 su bardağı tavuk suyu

- Tatmak için limon tuzu ve karabiber

- sıcak haşlanmış pirinç

HAZIRLIK

1. Cornish tavuklarını yavaş pişiriciye yerleştirin (istenirse önce tavukları hafifçe yağlanmış bir tavada kızartın). Tavuk suyunu ekleyin. Tavukları limon tuzu ve karabiber serpin. DÜŞÜK ayarda 7-9 saat pişirin. Tavukları çıkarın ve yağını alın; meyve sularını 1 1/2 yemek kaşığı mısır nişastası ve 1 yemek kaşığı soğuk su karışımıyla koyulaştırın. Sıcak pişmiş pirinçle servis yapın. Hizmetler 2.

Kuru üzüm soslu Cornish tavukları

İÇİNDEKİLER

- Talimatlara göre hazırlanmış 1 paket (6 oz) doldurma

- 4 Cornish av tavuğu

- tuz ve biber

- .

- Kuru üzüm sosu

- 1 kavanoz (10 ons) kuş üzümü jölesi

- 1/2 bardak kuru üzüm

- 1/4 bardak tereyağı

- 1 yemek kaşığı limon suyu

- 1/4 çay kaşığı yenibahar

HAZIRLIK

1. Tavukları hazırlanan dolguyla doldurun; Tuz ve karabiber serpin.

Tavukların meyve suyunun içinde kalmasını önlemek için merhemi veya buruşuk bir alüminyum folyo parçasını yavaş pişiriciye yerleştirin. Derin, dar bir toprak kap kullanıyorsanız Cornish tavuklarını boynu aşağıya gelecek şekilde yerleştirin. 1 litrelik bir tencerede jelatin, kuru üzüm, tereyağı, limon suyu ve yenibaharı birleştirin. Sıcak ve kaynayana kadar karıştırarak pişirin. Sosun bir kısmını güveçteki tavukların üzerine sürün.

2. Servise hazır oluncaya kadar kalan sosu buzdolabında saklayın. Kapağı kapatın ve pişirmeden yaklaşık bir saat önce bir kez karıştırarak 5-7 saat DÜŞÜK sıcaklıkta pişirin. Kalan sosu kaynatın ve servis yaparken tavukların üzerine dökün.

3. 4 porsiyon için.

Ülke Kaptanı Tavuk Göğsü

İÇİNDEKİLER

- 2 orta boy Granny Smith elması, soyulmuş ve doğranmış (soyulmamış)

- 1/4 bardak ince doğranmış soğan

- 1 küçük yeşil biber, çekirdekleri çıkarılmış ve ince doğranmış

- 3 diş sarımsak, doğranmış

- 2 yemek kaşığı kuru üzüm veya kuş üzümü

- 2 veya 3 çay kaşığı köri tozu

- 1 çay kaşığı öğütülmüş zencefil

- 1/4 çay kaşığı öğütülmüş kırmızı biber veya tadı

- 1 kutu (yaklaşık 14 1/2 oz) doğranmış domates

- 6 derisiz, kemiksiz yarım tavuk göğsü

- 1/2 su bardağı tavuk suyu

- 1 bardak uzun taneli beyaz pirinç

- 1 pound orta boy karides, soyulmuş ve kemiği alınmış, çiğ, isteğe bağlı

- 1/3 su bardağı file badem

- koşer tuzu

- Kıyılmış maydanoz

HAZIRLIK

1. 4 ila 6 litrelik yavaş pişiricide doğranmış elmaları, soğanı, dolmalık biberi, sarımsağı, altın kuru üzümleri veya kuş üzümünü, köri tozunu, zencefili ve öğütülmüş kırmızı biberi birleştirin; domatesleri karıştırın.

2. Tavuğu, parçalar hafifçe üst üste gelecek şekilde domates karışımının üzerine yerleştirin. Tavuk suyunu tavuk göğsü yarımlarının üzerine dökün. Kapağı kapatın ve tavuk çatalla delindiğinde iyice yumuşayana kadar, yaklaşık 4 ila 6 saat, DÜŞÜK ayarda pişirin.

3. Tavuğu sıcak bir tabağa alın, üzerini hafifçe örtün ve 200°F fırında veya fırın tepsisinde sıcak tutun.

4. Pirinci pişirme sıvısına ekleyin. Sıcaklığı maksimuma yükseltin; kapağını kapatın ve bir veya iki kez karıştırarak pirinç neredeyse yumuşayana kadar yaklaşık 35 dakika pişirin. Kullanıyorsanız karidesleri karıştırın; örtün ve karideslerin ortası opaklaşana kadar yaklaşık 15 dakika daha pişirin; deneme kesimi

5. Bu arada bademleri küçük yapışmaz bir tavada orta ateşte ara sıra karıştırarak altın rengi oluncaya kadar kızartın. Bir kenara bırakmak

6. Yemeği servis etmek için pirinç karışımını tuzla tatlandırın. Servis yapmak için sıcak bir tabağa monte edin; üstüne tavukları dizin. Maydanoz ve badem serpin.

Köy tavuğu ve mantar

İÇİNDEKİLER

- 1 kavanoz saha sosu

- 4 ila 6 tavuk göğsü

- 8 ons dilimlenmiş mantar

- Tatmak için biber ve tuz

HAZIRLIK

1. Tüm malzemeleri birleştirin; kapağını kapatıp 6-7 saat pişirin. Pirinç veya makarna ile servis yapın.

2. 4'ten 6'ya kadar hizmetler.

Tavuk Country Club Kulübü

İÇİNDEKİLER

• 5 elma, soyulmuş, çekirdeği çıkarılmış ve doğranmış

• Dilimler halinde kesilmiş sebzeli 6 ila 8 yeşil soğan

• 1 pound tavuk budu, kemiksiz, derili, yağları alınmış, 2 inçlik küpler halinde kesilmiş

• 6 ila 8 ons dilimlenmiş İsviçre peyniri

• 1 kutu (10 1/2 ons) kremalı tavuk çorbası, 1/4 bardak sütle iyice karıştırılmış

• 1 kutu (6 oz) Pepperidge Farm Elmalı Üzüm Dolgusu veya favori dolgu karışımınızı kullanın

• 1/4 bardak eritilmiş tereyağı

• 3/4 bardak elma suyu

HAZIRLIK

1. Malzemeleri 3 1/2 ila 5 litrelik yavaş pişiriciye yukarıdaki sırayla yerleştirin. Çorba karışımını peynir tabakasının üzerine dökün, tereyağını dolgunun üzerine dökün ve son olarak elma suyunu gezdirin, sıvının tüm ekmeği ıslattığından emin olun.

2. Kapağını kapatıp 1 saat YÜKSEK ayarda ve 4-5 saat daha DÜŞÜK ayarda pişirin.

3. Rose-Marie'den not:

4. Biz sade yedik ama harika bir sos yaptığı ve dolgunun tabakta kaybolduğu için doğal pirinçle servis etmenizi öneririm.

yaban mersini ile tavuk

İÇİNDEKİLER

- 4 ila 6 kemiksiz, derisiz tavuk göğsü

- 1 kutu kızılcık sosu

- 2/3 bardak biber sosu

- 2 yemek kaşığı elma sirkesi

- 2 yemek kaşığı esmer şeker

- 1 paket altın soğan çorbası çorbası (Lipton)

HAZIRLIK

1. Tavuk göğüslerini yavaş pişiriciye/tencereye yerleştirin. Kalan malzemeleri birleştirin; Tavuğu iyice kaplayacak şekilde yavaş tencereye/güveç kabına ekleyin. Kapağını kapatıp kısık ateşte 6-8 saat pişirin.

2. 4'ten 6'ya kadar hizmetler.

Yaban mersinli tavuk II

İÇİNDEKİLER

- 2 pound derisiz, kemiksiz tavuk göğsü

- 1/2 bardak doğranmış soğan

- 2 çay kaşığı bitkisel yağ

- 2 çay kaşığı tuz

- 1/2 çay kaşığı öğütülmüş tarçın

- 1/4 çay kaşığı öğütülmüş zencefil

- 1/8 çay kaşığı öğütülmüş hindistan cevizi

- bir tutam kırmızı biber

- 1 bardak portakal suyu

- 2 çay kaşığı ince rendelenmiş portakal kabuğu

- 2 bardak taze veya dondurulmuş yaban mersini

- 1/4 su bardağı esmer şeker

HAZIRLIK

1. Tavuk parçalarını ve soğanı yağda kızartın; tuz serpin.

2. Tavaya kavrulmuş tavuğu, soğanı ve diğer malzemeleri ekleyin.

3. Kapağı kapatın ve 5 1/2 ila 7 saat boyunca DÜŞÜK sıcaklıkta pişirin.

4. İstenirse, pişirme süresinin sonuna doğru meyve sularını, yaklaşık 2 yemek kaşığı mısır nişastası ile 2 yemek kaşığı soğuk su karışımıyla koyulaştırın.

Krem peynirli tavuk

İÇİNDEKİLER

- 3 ila 3 1/2 pound tavuk parçası

- 2 yemek kaşığı eritilmiş tereyağı

- Tatmak için biber ve tuz

- 2 yemek kaşığı kuru İtalyan salata sosu

- 1 kutu (10 3/4 ons) kremalı mantar çorbası

- 8 ons krem peynir, doğranmış

- 1/2 bardak sek beyaz şarap

- 1 yemek kaşığı doğranmış soğan

HAZIRLIK

1. Tavuğu tereyağıyla yağlayın ve üzerine tuz ve karabiber serpin. Yavaş bir tencereye koyun ve üzerine kuru baharat serpin.

2. Kapağını kapatıp 6-7 saat veya tavuk yumuşayıp tamamen pişene kadar pişirin.

3. Servis yapmadan yaklaşık 45 dakika önce çorbayı, krem peyniri, şarabı ve soğanı küçük bir tencerede birleştirin. Kaynayana ve yumuşayana kadar pişirin.

4. Tavuğu dökün ve kapağını kapatıp 30 ila 45 dakika daha pişirin.

5. Tavuğu sosla birlikte servis edin.

6. 4'ten 6'ya kadar hizmetler.

Tavuk ve Enginar Kreması

İÇİNDEKİLER

- 2-3 su bardağı doğranmış tavuk

- 2 bardak donmuş enginar çeyreği veya 1 kutu (yaklaşık 15 ons), süzülmüş

- 2 ons ezilmiş kırmızı biber, süzülmüş

- 1 kavanoz (16 ons) Alfredo sosu

- 1 çay kaşığı tavuk suyu veya et suyu

- 1/2 çay kaşığı kuru fesleğen

- 1/2 çay kaşığı tane veya toz halinde sarımsak

- İsteğe bağlı olarak 1 çay kaşığı kurutulmuş maydanoz

- Tatmak için biber ve tuz

- 8 ons spagetti, pişmiş ve suyu süzülmüş, isteğe bağlı

HAZIRLIK

1. Ben yaklaşık bir kilo tavuğu limon ve sarımsakla tatlandırılmış az miktarda suda pişiriyorum ama siz pişmiş tavuk göğsü veya kalan tavuğu kullanabilirsiniz. Tüm malzemeleri güveçte birleştirin; kapağını kapatıp 4-6 saat pişirin. Sıcak pişmiş makarnayı ekleyin veya pirinç veya makarnanın

üzerini kaplamak için kullanın. Bu yavaş pişirici tavuk ve enginar tarifi 4 ila 6 kişiliktir.

Kremalı İtalyan Tavuğu

İÇİNDEKİLER

- 4 adet kemiksiz, derisiz yarım tavuk göğsü

- 1 torba İtalyan salata sosu

- 1/3 bardak su

- 1 paket (8 ons) krem peynir, yumuşatılmış

- 1 kutu (10 3/4 oz) yoğunlaştırılmış kremalı tavuk çorbası, seyreltilmemiş

- 1 kutu (4 ons) mantar sapları ve parçaları, süzülmüş

- Sıcak pişmiş pirinç veya erişte

HAZIRLIK

1. Tavuk göğsü yarımlarını yavaş tencereye yerleştirin. Salata sosunu ve suyu birleştirin; tavukların üzerine dökün. Kapağı kapatın ve 3 saat boyunca DÜŞÜK sıcaklıkta pişirin. Küçük bir kapta krem peyniri ve çorbayı karışana kadar çırpın. Mantarları birleştirin. Krem peynirli karışımı tavukların üzerine dökün. 1 ila 3 saat daha veya tavuk suları berraklaşana kadar pişirin. İtalyan tavuğunu sıcak pişmiş pirinç veya erişte ile servis edin.

2. Hizmetler 4.

Kreol tavuğu

İÇİNDEKİLER

- 1 kızarmış tavuk, parçalar halinde kesilmiş, yaklaşık 3 kilo tavuk parçası

- 1 yeşil biber, doğranmış

- 6 yeşil soğan, yaklaşık 1 demet, doğranmış

- 1 kutu (14,5 oz) domates, suyu çekilmemiş, doğranmış

- 1 kutu (6 ons) domates salçası

- 4 ons doğranmış pişmiş jambon

- 1 çay kaşığı tuz

- Tabasco gibi birkaç damla şişelenmiş biber sosu

- 1/2 pound dilimlenmiş tütsülenmiş sosis, andouille, kielbasa vb.

- 3 bardak pişmiş pirinç

HAZIRLIK

1. Yavaş bir tencerede tavuk, dolmalık biber, soğan, domates, salça, jambon, tuz ve biber sosunu birleştirin.

2. Kapağını kapatıp kısık ateşte 6 saat pişirin. Isıyı artırın ve sosis ve pişmiş pirinci ekleyin. Kapağı kapatın ve maksimum güçte 20 dakika daha pişirin.

Sosisli Creole tavuğu

İÇİNDEKİLER

- 1 1/2 pound kemiksiz tavuk budu, parçalar halinde kesilmiş

- 12 ons tütsülenmiş andouille sosisi, 1 ila 2 inçlik parçalar halinde kesilmiş

- 1 su bardağı doğranmış soğan

- 3/4 bardak tavuk suyu veya su

- 1 kutu (14,5 ons) doğranmış domates

- 1 kutu (6 ons) domates salçası

- 2 çay kaşığı Cajun veya Creole baharatı

- tatmak için bir tutam acı biber

- 1 yeşil biber, doğranmış

- Tatmak için biber ve tuz

- sıcak pişmiş kahverengi veya beyaz pirinç veya pişmiş süzülmüş spagetti

HAZIRLIK

1. Yavaş bir tencerede tavuk uyluk parçalarını, andouille sosis parçalarını, doğranmış soğanı, et suyunu veya suyu, domatesleri (meyve sularıyla birlikte), domates salçasını, Creole baharatını ve kırmızı biberi birleştirin.

2. Tavuk ve sosis karışımını örtün ve DÜŞÜK ayarda 6-7 saat pişirin. Yemeği pişirmeden yaklaşık bir saat önce doğranmış yeşil biberi ekleyin. Önce tadına bak sonra eğer gerekliyse tuz ve biber eklersin.

3. Bu leziz tavuk ve sosis yemeğini sıcak haşlanmış pirinçle veya spagetti veya melek kıllı makarnayla servis edin.

4. Hizmetler 6.

Güveçte Tavuk ve Enginar

İÇİNDEKİLER

- 3 kiloluk tavuk parçaları, fritözde, doğranmış

- tatmak için tuz

- 1/2 çay kaşığı biber

- 1/2 çay kaşığı kırmızı biber

- 1 yemek kaşığı tereyağı

- 2 kavanoz marine edilmiş enginar, kalp; turşuyu rezerve et

- 1 kutu (4 ons) mantar, süzülmüş

- 2 yemek kaşığı çabuk pişen tapyoka

- 1/2 su bardağı tavuk suyu

- 3 yemek kaşığı kuru şeri veya daha fazla tavuk suyu

- 1/2 çay kaşığı kuru tarhun

HAZIRLIK

1. Tavuğu yıkayıp kurulayın. Tavukları tuz, karabiber ve kırmızı biberle tatlandırın. Orta ateşte büyük bir tavada tavuğu tereyağı ve ayrılmış enginar turşusuyla kızartın.

2. Mantarları ve enginar kalplerini yavaş pişiricinin dibine yerleştirin. Tapyoka serpin. Kavrulan tavuk parçalarını ekleyin. Tavuk suyunu ve şeri dökün. Tarhun ekleyin. Kapağını kapatıp 7-8 saat DÜŞÜK sıcaklıkta pişirin veya 3 1/2-4 1/2 saat YÜKSEK sıcaklıkta pişirin.

3. Hizmetler 4.

Tencerede tavuk ve baharatlar

İÇİNDEKİLER

• 4 adet kemiksiz ve derisiz yarım tavuk göğsü+

• tatmak için tuz ve taze çekilmiş karabiber

• 4 dilim İsviçre peyniri

• 1 kutu (10 3/4 ons) yoğunlaştırılmış kremalı tavuk çorbası

• 1 kutu (10 3/4 ons) yoğunlaştırılmış kremalı mantar çorbası veya kremalı kereviz

• 1 su bardağı tavuk suyu

• 1/4 bardak süt

• 3 bardak bitki aromalı dolgu kırıntısı

• 1/2 bardak eritilmiş tereyağı

HAZIRLIK

1. Tavuk göğüslerini tuz ve karabiberle tatlandırın ve yavaş tencereye koyun. Tavuk suyunu tavuk göğüslerinin üzerine dökün. Her göğsün üzerine bir dilim İsviçre peyniri koyun.

2. İki kutu çorbayı ve sütü bir kasede birleştirin; iyice karıştırın Çorba karışımını tavukların üzerine dökün. Doldurma karışımını her yere serpin. Eritilmiş tereyağını dolgu tabakasının üzerine dökün.

3. Kapağını kapatıp kısık ateşte 5-7 saat pişirin.

4. **Not**: Tavuk göğüsleri çok yağsız olur ve fazla pişirildiğinde kurur.

5. Yavaş pişiricinize bağlı olarak tavuk 4 saat veya daha kısa sürede mükemmel şekilde pişirilebilir. Daha uzun pişirme süreleri için, kemiksiz tavuk butları içeren tarifi deneyin.

Güveçte güveçte tavuk enchilada

İÇİNDEKİLER

- 9 adet 15 cm'lik mısır ekmeği

- 1 kutu (12 ila 16 ons) koçanı süzülmüş bütün mısır

- 2-3 su bardağı doğranmış tavuk

- 1 çay kaşığı biber tozu

- 1/4 çay kaşığı öğütülmüş karabiber

- 1/2 çay kaşığı tuz veya tadına göre

- 1 kutu (4 ons) kıyılmış hafif yeşil biber

- 2 su bardağı rendelenmiş Meksika harman peyniri veya hafif kaşar peyniri

- 2 kutu (her biri 10 ons) enchilada sosu

- 1 kutu (15 ons) siyah fasulye, durulanmış ve suyu süzülmüş

- guacamole ve ekşi krema

HAZIRLIK

1. Yavaş pişiriciye yapışmaz pişirme spreyi püskürtün.

2. Yavaş pişiricinin dibine 3 tortilla yerleştirin.

3. Tortillaları mısırla, tavuğun yarısıyla, baharatların yaklaşık yarısıyla ve biberlerin yarısıyla karıştırın.

4. Rendelenmiş peynirin yarısını serpin ve peynirin üzerine yaklaşık 3/4 bardak enchilada sosunu dökün.

5. 3 tortilla, siyah fasulye, kalan tavuk, sos, kırmızı biber ve peynirle aynı işlemi tekrarlayın.

1. Kalan tortilla ve enchilada sosuyla süsleyin.

2. Kapağını kapatıp 5-6 saat DÜŞÜK sıcaklıkta pişirin.

3. Guacamole ve ekşi krema ile servis yapın.

4. 6'dan 8'e kadar servis yapar.

Güveçte Tavuk Enchiladas

İÇİNDEKİLER

- 1 büyük (19 ons) kutu enchilada sosu

- 6 adet kemiksiz yarım tavuk göğsü

- 2 kutu kremalı tavuk çorbası

- 1 küçük kutu dilimlenmiş siyah zeytin

- 1/2 bardak doğranmış soğan

- 1 kutu (4 ons) ezilmiş tatlı biber

- 16-20 mısır ekmeği

- 16 ons rendelenmiş keskin kaşar peyniri

HAZIRLIK

1. Tavuğu pişirin ve parçalayın. Çorbayı, zeytini, biberi ve soğanı karıştırın. Tortillaları dilimler halinde kesin. Crock Pot'u sos, tortilla ile katmanlayın, üstüne çorba, tavuk ve peyniri karıştırın, en üste peynirle bitirin. Kapağı kapatın ve 5-7 saat DÜŞÜK sıcaklıkta pişirin.

2. 8 ila 10 kişilik

Toprak kapta tavuklu omlet

İÇİNDEKİLER

• 4 su bardağı kıyılmış veya pişmiş, lokma büyüklüğünde tavuk

• 1 kutu tavuk çorbası

• 1/2 sn. yeşil biber sosu

• 2 yemek kaşığı. hızlı pişirme tapyoka

• 1 orta boy soğan, doğranmış

• 1 1/2 sn. peynirli ograten

• 12-15 mısır ekmeği

• Siyah zeytin

• 1 domates, doğranmış

• 2 yemek kaşığı doğranmış yeşil soğan

• garnitür için ekşi krema

HAZIRLIK

1. Tavuğu çorba, biber sosu ve tapyoka ile birleştirin. Crock Pot'un tabanını ısırık büyüklüğünde parçalar halinde kesilmiş 3 mısır ekmeği ile kaplayın. Tavuklu karışımın 1/3'ünü ekleyin. Soğanın 1/3'ünü ve rendelenmiş peynirin 1/3'ünü serpin. Tavuk, soğan ve peynir karışımıyla doldurulmuş tortilla

katmanlarını tekrarlayın. Kapağı kapatın ve 6-8 saat boyunca düşük veya 3 saat boyunca yüksek sıcaklıkta pişirin. İstenirse dilimlenmiş siyah zeytin, doğranmış domates, yeşil soğan ve ekşi krema ile süsleyin.

Crockpot Cassoulet

İÇİNDEKİLER

• 1 pound kuru marine edilmiş fasulye, durulanmış

• 4 bardak su

• 1 inçlik parçalar halinde kesilmiş 4 derisiz, kemiksiz yarım tavuk göğsü

• 1 inçlik parçalar halinde kesilmiş 8 ons pişmiş jambon

• İnce dilimler halinde kesilmiş 3 büyük havuç

• 1 su bardağı doğranmış soğan

• 1/2 bardak dilimlenmiş kereviz

• 1/4 bardak sıkıca paketlenmiş kahverengi şeker

• 1/2 çay kaşığı tuz

• 1/4 çay kaşığı kuru hardal

• 1/4 çay kaşığı biber

• 1 kutu (8 ons) domates sosu

• 2 yemek kaşığı pekmez

HAZIRLIK

2. Hollandalı bir fırında veya büyük bir su ısıtıcısında, fasulyeleri bir gece boyunca 4 bardak suya batırın.

3. Fasulyeleri örtün ve yumuşayana kadar yaklaşık 1,5 saat pişirin, gerekirse biraz daha su ekleyin.

4. Fasulyeleri ve sıvıyağı tencereye koyun. Malzemelerin geri kalanını ekleyin; iyice karıştırın

5. Kapağını kapatın ve sebzeler yumuşayana kadar 7-9 saat DÜŞÜK ayarda pişirin.

6. 6'dan 8'e kadar servis yapar.

Tavuk ve Otlu Köfte

İÇİNDEKİLER

- 3 kilo tavuk parçası, derisiz

- tuz ve biber

- 1/4 bardak doğranmış soğan

- 10 küçük beyaz soğan

- 2 diş sarımsak, doğranmış

- 1/4 çay kaşığı öğütülmüş mercanköşk

- 1/2 çay kaşığı kurutulmuş kekik yaprağı, ufalanmış

- 1 defne yaprağı

- 1/2 bardak sek beyaz şarap

- 1 bardak sütlü ekşi krema

- 1 bardak kurabiye karışımı

- 1 yemek kaşığı kıyılmış maydanoz

- 6 yemek kaşığı süt

HAZIRLIK

1. Tavuğu tuz ve karabiber serpin, yavaş tencereye veya tencereye koyun. Soğanların tamamını tencereye koyun. Sarımsak, mercanköşk, kekik, defne yaprağı ve şarabı ekleyin. Kapağını kapatıp 5 ila 6 saat pişirin. Defne yaprağını çıkarın. Ekşi kremayı ekleyin. Isıyı maksimuma yükseltin ve bisküvi karışımını maydanozla birlikte ekleyin. Sütü iyice nemlendirilinceye kadar kurabiye karışımına karıştırın. Köfteleri çay kaşığıyla tavanın kenarına bırakın. Gnocchi tamamen pişene kadar kapağını kapatın ve 30 dakika daha yüksek ateşte pişirmeye devam edin.

Crockpot Barbekü Tavuk

İÇİNDEKİLER

- 2 adet kemiksiz, derisiz tavuk göğsü

- 1 1/2 bardak ketçap

- 3 yemek kaşığı esmer şeker

- 1 yemek kaşığı Worcestershire sosu

- 1 yemek kaşığı soya sosu

- 1 yemek kaşığı elma sirkesi

- 1 çay kaşığı öğütülmüş kırmızı biber gevreği veya tadı

- 1/2 çay kaşığı sarımsak tozu

HAZIRLIK

1. Tüm sos malzemelerini yavaş pişiricide birleştirin. Tavuğu ekleyin; sosla iyice kaplanacak şekilde çevirin.

2. Yüksek ateşte 3-4 saat veya tavuk pişene kadar pişirin. Tavuğu parçalayın veya doğrayın ve tenceredeki sosa geri koyun. Tüm parçaların kaplanması için iyice karıştırın.

3. Tavuğu sıcak tutmak ve çıtır çörekler ile servis yapmak için yavaş pişiriciyi düşük ateşte tutabilirsiniz.

4. Lezzetli!

Crockpot Barbekü Tavuk

İÇİNDEKİLER

- 1 adet kızarmış tavuk (parçalara veya dörde bölünmüş)

- 1 kutu yoğunlaştırılmış domates çorbası

- 3/4 sn. doğranmış soğan

- 1/4 sn. sirke

- 3 yemek kaşığı. esmer şeker

- 1 çorba kaşığı. Worcestershire sos

- 1/2 çay kaşığı. tuz

- 1/4 çay kaşığı. tatlı fesleğen

- bir tutam kekik

HAZIRLIK

1. Tavuğu yavaş tencereye yerleştirin. Geri kalan malzemeleri birleştirip tavukların üzerine dökün. Sıkıca kapatın ve 6-8 saat DÜŞÜK sıcaklıkta pişirin. Hizmetler 4.

Crockpot Biberli Tavuk

İÇİNDEKİLER

- 2 bardak geceden ıslatılmış kurutulmuş kuzey fasulyesi

- 3 bardak kaynar su

- 1 su bardağı doğranmış soğan

- 2 diş sarımsak, doğranmış

- 2 veya 3 konserve jalapeno biberi, doğranmış (turşusu iyidir)

- 1 yemek kaşığı öğütülmüş kimyon

- 1 çay kaşığı biber tozu

- 1 ila 1 1/2 pound kemiksiz tavuk göğsü, 1 inçlik parçalar halinde kesilmiş

- 2 kabak veya küçük kabak, doğranmış

- 1 kutu (12 ila 15 oz) bütün mısır, süzülmüş

- 1/2 bardak ekşi krema

- 2 1/4 çay kaşığı tuz

- 1 yemek kaşığı limon suyu

- 1/4 bardak doğranmış taze kişniş ve istenirse garnitür için biraz

- Garnitür için doğranmış 1 domates veya ikiye bölünmüş kiraz domates

- garnitür için ekşi krema

HAZIRLIK

1. Yavaş pişiricide fasulyeleri ve kaynar suyu birleştirin. Geri kalan malzemeleri hazırlarken dinlenmeye bırakın. Tencereye doğranmış soğanı, kıyılmış sarımsağı, jalapeño biberini, kimyonu ve kırmızı biber tozunu ekleyin. Tavuğu üstüne yerleştirin. Doğranmış kabakları tencereye ekleyin. Kapağını kapatıp 7-8 saat ya da fasulyeler yumuşayıncaya kadar pişirin. Mısır, ekşi krema, tuz, limon suyu ve doğranmış kişnişi ilave edip karıştırın. Kaselere dökün. İsterseniz bir parça ekşi krema, doğranmış domates ve doğranmış taze kişniş ile süsleyin.

Crockpot Tavuk Chow Mein

İÇİNDEKİLER

- 1 1/2 pound kemiksiz tavuk göğsü, 1 inçlik parçalar halinde kesilmiş

- 1 yemek kaşığı bitkisel yağ

- 1 1/2 su bardağı doğranmış kereviz

- 1 1/2 su bardağı doğranmış havuç

- 6 adet doğranmış yeşil soğan

- 1 su bardağı tavuk suyu

- 1/3 bardak soya sosu

- 1/4 çay kaşığı öğütülmüş kırmızı biber veya tadı

- 1/2 çay kaşığı öğütülmüş zencefil

- 1 diş sarımsak, ince doğranmış

- 1 kutu (yaklaşık 12-15 ons) fasulye filizi, süzülmüş

- 1 kutu (8 oz) dilimlenmiş su kestanesi, süzülmüş

- 1/4 bardak mısır nişastası

- 1/3 bardak su

HAZIRLIK

1. Büyük bir tavada tavuk parçalarını kızartın. Kızartılmış tavuğu yavaş tencereye yerleştirin. Mısır nişastası ve su dışındaki diğer malzemeleri ekleyin. Çalkalamak Kapağı kapatın ve 6-8 saat DÜŞÜK sıcaklıkta pişirin. Yavaş pişiriciyi YÜKSEK konuma getirin. Mısır nişastasını ve suyu küçük bir kasede karıştırın, eriyene ve pürüzsüz hale gelinceye kadar karıştırın. Yavaş pişirilen sıvıları karıştırın. Buharın çıkmasını sağlamak için kapağı hafif aralık tutarak, koyulaşana kadar yaklaşık 20 ila 30 dakika pişirin.

2. Pirinçle veya erişteyle servis yapın. 5 qt'ye kadar ikiye katlanabilir. yavaş pişirici/tencere.

Crockpot Tavuk Cordon Bleu

İÇİNDEKİLER

- 4-6 tavuk göğsü (çok ince)

- 4-6 parça jambon

- 4-6 dilim İsviçre peyniri veya mozarella

- 1 kutu mantar çorbası (herhangi bir kremalı çorba kullanabilirsiniz)

- 1/4 bardak süt

HAZIRLIK

1. Jambonu ve peyniri tavuğun üzerine koyun. Rulo yapıp kürdan yardımıyla sabitleyin. Tavuğu üçgen gibi görünecek şekilde güveç kabına yerleştirin /_\ Geri kalanını katlayın. Çorbayı sütle karıştırın; tavukların üzerine dökün. Kapağını kapatıp 4 saat veya tavuk artık pembe olmayıncaya kadar pişirin. Hazırladığı sosla eriştelerin üzerine servis yapın.

2. Teresa'dan not: Şu ana kadar denediğim en iyi tarif, çok lezzetli.

Crockpot tavuk cordon bleu II

İÇİNDEKİLER

- 6 yarım tavuk göğsü

- 6 dilim jambon

- 6 dilim İsviçre peyniri

- 1/2 sn. un

- 1/2 sn. parmesan peyniri

- 1/2 çay kaşığı. tuz

- 1/4 çay kaşığı. biber

- 3 yemek kaşığı sıvı yağ

- 1 kutu tavuk çorbası

- 1/2 bardak sek beyaz şarap

HAZIRLIK

1. Her bir tavuk göğsü yarısını plastik ambalaj parçalarının arasına yerleştirin ve eşit bir kalınlığa gelinceye kadar düzleştirmek için hafifçe vurun. Her tavuk göğsüne bir dilim jambon ve bir parça İsviçre peyniri koyun; yuvarlayın ve kürdan veya mutfak ipiyle sabitleyin. Un, parmesan, tuz ve karabiberi bir kasede birleştirin. Parmesan unu karışımında tavuğu yuvarlayın; 1 saat soğutun. Tavuk soğuduğunda tavayı 3 yemek kaşığı yağla ısıtın; tavuk her tarafı kızardı.

2. Bir tencerede tavuk suyunu ve şarabı birleştirin. Kızartılmış tavuğu ekleyin ve 4 1/2-5 saat DÜŞÜK veya yaklaşık 2 1/2 saat YÜKSEK pişirin. Sosu, un ve soğuk su karışımıyla (yaklaşık 2 yemek kaşığı un, 2 yemek kaşığı soğuk suyla karıştırılmış) koyulaştırın. Kalınlaşana kadar 20 dakika daha pişirin.

3. Hizmetler 6.

Crockpot Tavuk Butları

İÇİNDEKİLER

•

12-16 tavuk budu, derisiz

•

1 bardak akçaağaç şurubu

•

1/2 bardak soya sosu

• 1 kutu (14 ons) kızılcık sosu

• 1 çay kaşığı Dijon hardalı

• 1 yemek kaşığı mısır nişastası

• 1 yemek kaşığı soğuk su

• isteğe bağlı olarak dilimlenmiş yeşil soğan veya doğranmış taze kişniş

HAZIRLIK

1. Deriyi butların üzerinde bırakmayı tercih ederseniz tavuğu büyük bir tencereye koyun, üzerini suyla örtün ve yüksek ateşte kaynatın. Yaklaşık 5 dakika kaynatın. Kaynatma, ciltteki fazla yağın bir kısmını temizleyecektir.

2. Tavuğu çıkarın, kurulayın ve butları yavaş pişiriciye yerleştirin.

3. Bir kasede akçaağaç şurubu, soya sosu, kızılcık sosu ve hardalı birleştirin. Kürdanların üzerine dökün.

4. Kapağı kapatın ve 6-7 saat DÜŞÜK veya yaklaşık 3 saat YÜKSEK pişirin. Tavuk çok yumuşak olmalı ancak tamamen parçalanmamalıdır.

5. Tavuk butlarını servis tabağına alıp sıcak tutun.

6. Mısır nişastasını ve soğuk suyu bir fincan veya küçük kasede birleştirin. Pürüzsüz olana kadar karıştır.

7. Yavaş pişiricinin ısısını en yükseğe çıkarın ve mısır nişastası karışımını ekleyin. Yaklaşık 10 dakika, koyulaşana kadar pişirin.

8. Veya sıvıları bir tencereye aktarın ve kaynatın. Mısır nişastası karışımını karıştırın ve sos kalınlaşana kadar bir veya iki dakika karıştırarak pişirin.

9. İstenirse dilimlenmiş yeşil soğan veya kıyılmış kişniş ile süslenerek servis yapın.

10. Varyasyonlar

11. But yerine kemikli tavuk but kullanın. Pişirmeden önce cildi çıkarın.

12. But yerine 6 ila 8 adet bütün, derisiz tavuk budu kullanın.

Crockpot Tavuk Fricassee Tarifi

İÇİNDEKİLER

• 1 kutu yoğunlaştırılmış kremalı tavuk çorbası, yağı azaltılmış veya Sağlıklı Talep

• 1/4 bardak su

• 1/2 bardak doğranmış soğan

• 1 çay kaşığı öğütülmüş kırmızı biber

• 1 çay kaşığı limon suyu

• 1 çay kaşığı kurutulmuş biberiye, doğranmış

• 1 çay kaşığı kekik

• 1 çay kaşığı maydanoz gevreği

• 1 çay kaşığı tuz

• 1/4 çay kaşığı biber

• 4 adet kemiksiz, derisiz yarım tavuk göğsü

• Yapışmaz pişirme spreyi

• Frenk soğanlı mantı

• 3 yemek kaşığı katı yağ

• 1 1/2 su bardağı un

• 2 çay kaşığı. kabartma tozu

• 3/4 çay kaşığı. tuz

• 3 yemek kaşığı doğranmış taze frenk soğanı veya maydanoz

• 3/4 bardak yağsız süt

HAZIRLIK

1. Yavaş pişiriciye yapışmaz pişirme spreyi püskürtün. Tavuğu yavaş tencereye yerleştirin.

2. Çorba, su, soğan, kırmızı biber, limon suyu, biberiye, kekik, maydanoz, 1 çay kaşığı tuz ve karabiberi birleştirin; tavukların üzerine dökün. Kapağı kapatın ve 6-7 saat DÜŞÜK sıcaklıkta pişirin. Servis yapmadan bir saat önce aşağıdaki köfteleri hazırlayın.

3. Köfte:

4. Mikser veya çatal kullanarak kuru malzemeleri işleyin ve karışım iri una benzeyene kadar birlikte azaltın.

5. Frenk soğanı veya maydanozu ve sütü ekleyin; iyice birleşene kadar karıştırın. Bir çay kaşığı kullanarak sıcak tavuğu ve sosu dökün. Kapağı kapatın ve köfteler tamamen pişene kadar 25 dakika daha YÜKSEK ayarda pişirmeye devam edin. Patates püresi veya erişte ile birlikte sebze veya salata ile servis yapın.

Crockpot Tavuk Reuben Güveç

İÇİNDEKİLER

• 2 torba (her biri 16 ons) lahana turşusu, durulanmış ve suyu süzülmüş

• 1 fincan hafif veya düşük kalorili Rus salatası, bölünmüş

• 6 kemiksiz, derisiz yarım tavuk göğsü

• 1 yemek kaşığı hazır hardal

• 4 ila 6 dilim İsviçre peyniri

• garnitür için taze maydanoz, isteğe bağlı

HAZIRLIK

1. Lahana turşusunun yarısını 3 1/2 litrelik elektrikli yavaş pişiriciye yerleştirin. Pansumanın yaklaşık 1/3 fincanını gezdirin. 3 yarım tavuk göğsünü örtün ve hardalı tavuğun üzerine yayın. Lahana turşusu ve kalan tavuk göğsü ile süsleyin. Güvecin üzerine bir bardak sos daha dökün. Servis yapmaya hazır olana kadar kalan pansumanı soğutun. Kapağı kapatın ve yaklaşık 3 1/2-4 saat veya tavuk tamamen beyaz ve yumuşak oluncaya kadar pişirin.

2. Servis yapmak için güveci 6 tabağa dökün. Bir dilim peynirle süsleyin ve üzerine birkaç çay kaşığı Rus sosu gezdirin. İstenirse taze maydanozla süsleyerek hemen servis yapın.

3. Hizmetler 6.

Enginarlı Crockpot Tavuk

İÇİNDEKİLER

- 1 1/2 ila 2 pound kemiksiz, derisiz yarım tavuk göğsü

- 8 ons dilimlenmiş taze mantar

- 1 kutu (14,5 ons) doğranmış domates

- 1 paket dondurulmuş enginar, 8 ila 12 ons

- 1 su bardağı tavuk suyu

- 1/2 bardak doğranmış soğan

- 1 kutu (3-4 ons) dilimlenmiş olgun zeytin

- 1/4 bardak sek beyaz şarap veya tavuk suyu

- 3 yemek kaşığı çabuk pişen tapyoka

- 2 çay kaşığı köri tozu veya tadına göre

- 3/4 çay kaşığı kurutulmuş kekik, doğranmış

- 1/4 çay kaşığı tuz

- 1/4 çay kaşığı biber

- 4 bardak sıcak pişmiş pirinç

HAZIRLIK

1. Tavuğu durulayın; kurutun ve bir kenara koyun. 3 1/2 ila 5 litrelik yavaş pişiricide mantarları, domatesleri, enginar kalplerini, tavuk suyunu, doğranmış soğanı, dilimlenmiş zeytinleri ve şarabı birleştirin. Tapyoka, köri tozu, kekik, tuz ve karabiberi karıştırın. Tavuğu tavaya ekleyin; Domates karışımının bir kısmını tavuğun üzerine gezdirin.

2. Kapağı kapatın ve 7-8 saat DÜŞÜK veya 3 1/2-4 saat YÜKSEK pişirin. Sıcak pişmiş pirinçle servis yapın.

3. 6 ila 8 porsiyon yapın.

Dijon Hardallı Crockpot Tavuk

İÇİNDEKİLER

• 4 ila 6 kemiksiz tavuk göğsü

• 2 yemek kaşığı Dijon hardalı

• 1 kutu %98 yağsız mantar çorbası.

• 2 çay kaşığı mısır nişastası

• bir tutam karabiber

HAZIRLIK

1. Tavuk göğsü yarımlarını yavaş pişiriciye yerleştirin.

2. Kalan malzemeleri birleştirin ve tavuğun üzerine dökün.

3. Kapağı kapatın ve düşük hızda 6 ila 8 saat pişirin.

Pilavlı Crockpot Tavuk

İÇİNDEKİLER

• 4 ila 6 kemiksiz, derisiz tavuk göğsü

• 1 kutu (10 3/4 ons) yoğunlaştırılmış kremalı mantar çorbası veya kremalı tavuk

• 1/2 bardak su

• 3/4 bardak pişmiş pirinç, pişmemiş

• 1 1/2 bardak tavuk suyu

• 1 veya 2 bardak dondurulmuş yeşil fasulye (çözülmüş)

HAZIRLIK

1. Tavuk göğüslerini tavaya yerleştirin. Kremalı mantar çorbası ve 1/2 bardak su ekleyin.

2. 3/4 bardak pirinç ve tavuk suyunu ekleyin.

3. Yeşil fasulyeleri ekleyin.

4. Kapağı kapatın ve 6 saat boyunca veya tavuk pişene ve pirinç yumuşayana kadar DÜŞÜK ayarda pişirin.

4'ten 6'ya kadar servis edilir.

Domatesli Crockpot Tavuk

İÇİNDEKİLER

- 4 ila 6 tavuk göğsü

- 2 adet dilimlenmiş yeşil biber

- 1 kutu doğranmış haşlanmış domates

- 1/2 şişe İtalyan baharatı (istenirse az yağlı)

HAZIRLIK

1. Tavuk göğüslerini, yeşil biberleri, haşlanmış domatesleri ve İtalyan baharatlarını yavaş tencereye veya güveç tenceresine koyun ve tüm gün (6-8 saat) kısık ateşte pişirin.

2. Myron'ın Florida'da paylaştığı bu tavuk ve domatesli güveç tarifi

Güveç Kolalı Tavuk

İÇİNDEKİLER

- 1 bütün tavuk, yaklaşık 3 pound

- 1 bardak ketçap

- 1 büyük soğan, ince dilimler halinde kesilmiş

- 1 bardak kola, Coca-Cola, Pepsi, Dr. Biber vb.

HAZIRLIK

1. Tavuğu yıkayıp kurulayın. Tatmak için biber ve tuz. Tavuğu, soğanların üzerine gelecek şekilde Güveç Tenceresine yerleştirin. Kola ve domates sosunu ekleyip DÜŞÜK ayarda 6-8 saat pişirin. Eğlence!

2. Molly tarafından gönderildi

Crockpot Kreol Tavuğu

İÇİNDEKİLER

- 1 pound kemiksiz, derisiz tavuk budu, 1 inçlik parçalar halinde kesilmiş

- 1 kutu (14,5 ons) meyve suyuyla birlikte domates

- 1 1/2 bardak tavuk suyu

- 8 ons tam pişmiş tütsülenmiş sosis, dilimlenmiş

- 1/2 ila 1 bardak doğranmış pişmiş jambon

- 1 su bardağı doğranmış soğan

- 1 kutu (6 ons) domates salçası

- 1/4 bardak su

- 1 1/2 çay kaşığı Creole baharatı

- birkaç damla Tabasco veya başka bir biber sosu

- 2 bardak pişmemiş hazır pirinç •

- 1 su bardağı doğranmış yeşil biber

HAZIRLIK

1. Yavaş pişiricide tavuk, domates, et suyu, sosis, jambon, soğan, domates salçası, su, baharat ve tabasco sosunu birleştirin. Kapağı kapatın ve 5-6 saat DÜŞÜK sıcaklıkta pişirin.

2. Pirinci• ve yeşil biberi tavaya ekleyin ve 10 dakika daha veya pirinç yumuşayana ve sıvının çoğu emilene kadar pişirin.

3. İstenirse 1 1/2 bardak sade uzun taneli pirinci pişirin ve tavuk karışımıyla servis edin.

4. Hizmetler 6.

Doldurmalı Crockpot Otlu Tavuk

İÇİNDEKİLER

- 1 kutu (10 1/2 ons) kremalı tavuk ve bitki çorbası

- 1 kutu (10 1/2 ons) kremalı kereviz veya kremalı tavuk çorbası

- 1/2 bardak sek beyaz şarap veya tavuk suyu

- 1 çay kaşığı kuru maydanoz gevreği

- 1 çay kaşığı kurutulmuş kekik yaprağı, ufalanmış

- 1/2 çay kaşığı tuz

- Bir tutam karabiber

- 2 ila 2 1/2 bardak terbiyeli doldurma kırıntıları, yaklaşık 6 ons, bölünmüş

- 4 yemek kaşığı tereyağı, bölünmüş

- 6 ila 8 kemiksiz, derisiz tavuk göğsü

HAZIRLIK

1. Çorbaları, şarabı veya et suyunu, maydanozu, kekiği, tuzu ve karabiberi birleştirin.

2. Tavuğu yıkayıp kurutun.

3. 5 ila 7 litrelik yavaş pişirici parçasını hafifçe yağlayın.

4. Ocağın tabanına yaklaşık 1/2 bardak dolum kırıntısı serpin ve üzerine yaklaşık 1 yemek kaşığı tereyağı gezdirin.

5. Tavuğun yarısını, ardından kalan doldurma kırıntılarının yarısını üstüne koyun. Kalan tereyağının yarısını üzerine gezdirin ve çorba karışımının yarısını üzerine dökün.

6. Kalan tavuk, doldurma kırıntıları, tereyağı ve çorba karışımıyla aynı işlemi tekrarlayın.

7. Kapağını kapatıp 5-7 saat veya tavuk pişene kadar DÜŞÜK sıcaklıkta pişirin.

6 ila 8 arası hizmet verir.

Doldurmalı Crockpot Otlu Tavuk

İÇİNDEKİLER

- 1 kutu (10 1/2 ons) kremalı tavuk ve bitki çorbası

- 1 kutu (10 1/2 ons) kremalı kereviz veya kremalı tavuk çorbası

- 1/2 bardak sek beyaz şarap veya tavuk suyu

- 1 çay kaşığı kuru maydanoz gevreği

- 1 çay kaşığı kurutulmuş kekik yaprağı, ufalanmış

- 1/2 çay kaşığı tuz

- Bir tutam karabiber

- 2 ila 2 1/2 bardak terbiyeli doldurma kırıntıları, yaklaşık 6 ons, bölünmüş

- 4 yemek kaşığı tereyağı, bölünmüş

- 6 ila 8 kemiksiz, derisiz tavuk göğsü

HAZIRLIK

1. Çorbaları, şarabı veya et suyunu, maydanozu, kekiği, tuzu ve karabiberi birleştirin.

2. Tavuğu yıkayıp kurutun.

3. 5-7 litrelik yavaş pişirici parçasını hafifçe yağlayın.

4. Ocağın tabanına yaklaşık 1/2 bardak dolum kırıntısı serpin ve üzerine yaklaşık 1 yemek kaşığı tereyağı gezdirin.

5. Tavuğun yarısını, ardından kalan doldurma kırıntılarının yarısını üstüne koyun. Kalan tereyağının yarısını üzerine gezdirin ve çorba karışımının yarısını üzerine dökün.

1. Kalan tavuk, doldurma kırıntıları, tereyağı ve çorba karışımıyla aynı işlemi tekrarlayın.

2. Kapağını kapatıp 5-7 saat veya tavuk tamamen pişene kadar DÜŞÜK ayarda pişirin.

6 ila 8 arası hizmet verir.

İtalyan Usulü Güveçte Tavuk

İÇİNDEKİLER

- 4 kilo tavuk parçası

- 3 yemek kaşığı zeytinyağı

- 2 soğan, dilimler halinde kesilmiş

- 1 çay kaşığı tuz

- 1/2 çay kaşığı taze çekilmiş biber

- 2 sap kereviz, küçük parçalar halinde kesilmiş

- 2 su bardağı doğranmış patates

- 1 kutu (14,5 oz) doğranmış domates, suyu çekilmemiş

- 1 çay kaşığı kurutulmuş kekik yaprağı

- 1 yemek kaşığı kuru maydanoz gevreği

- 1 bardak dondurulmuş bezelye (çözülmüş)

HAZIRLIK

1. Tavuk parçalarını kızgın yağda kızartın. Tuz, karabiber ve soğanı ekleyip 5 dakika daha pişirin. Kereviz ve patatesleri yavaş pişiricinin dibine yerleştirin ve suyu, kekik ve maydanozla sotelenmiş tavuk, soğan ve domatesleri ekleyin. Kapağını kapatıp kısık ateşte 6-8 saat pişirin. Son 30 dakikada bezelyeleri ekleyin.

2. Hizmetler 6.

Tavuklu Güveç Lima Fasulyesi

İÇİNDEKİLER

- 3 ila 4 kiloluk tavuk parçaları

- tuz ve biber

- 1 yemek kaşığı bitkisel yağ

- 1 inçlik küpler halinde kesilmiş 2 büyük patates

- 1 paket dondurulmuş fasulye (çözülmüş)

- 1 su bardağı tavuk suyu

- 1/4 çay kaşığı kurutulmuş kekik yaprağı, ufalanmış

HAZIRLIK

1. Tavuğu tuz ve karabiberle tatlandırın. Yağı ve tereyağını geniş bir tavada ısıtın; tavuğu her iki tarafı da altın rengi kahverengi olana kadar kızartın. Tavukları diğer malzemelerle birlikte tencereye koyun. Kapağını kapatıp tavuklar yumuşayıncaya kadar 4-6 saat pişirin.

2. Hizmetler 4.

Crockpot Makarna ve Peynir Lokumu

İÇİNDEKİLER

• 1 kavanoz Alfredo sosu

• Talep üzerine 1 kutu sağlıklı mantar çorbası

• 1 kutu (7 ons) albacore veya tavuk, süzülmüş veya kalan pişmiş tavuk veya sığır etini kullanın

• 1/4 çay kaşığı köri tozu

• 1 ila 1 1/2 bardak dondurulmuş karışık sebze

• 1 1/2 bardak rendelenmiş İsviçre peyniri

• 4 su bardağı pişmiş makarna (makarna, papillon, kabuk)

HAZIRLIK

1. İlk 5 malzemeyi birleştirin; kapağını kapatın ve DÜŞÜK ayarda 4-5 saat pişirin. Son saatte İsviçre peynirini karışıma ekleyin. Makarnayı paketin üzerindeki talimatlara göre pişirin; boşaltın ve yavaş tencereye ekleyin. Bu, pişmiş veya konserve tavuk, kalan jambon veya sadece ekstra sebzeler eklemek kadar iyi olurdu!

2. Hizmetler 4.

Debbie'nin Doldurulmuş Tavuk Güveç

İÇİNDEKİLER

- 1 paket otlarla tatlandırılmış dolma karışımı, hazırlanmış

- 4 ila 6 kemiksiz tavuk göğsü veya derisiz but •

- 1 kutu (10 3/4 ons) yoğunlaştırılmış kremalı tavuk çorbası, seyreltilmemiş

- 1 kutu (3 ila 4 ons veya daha fazla) dilimlenmiş mantar, suyu süzülmüş

HAZIRLIK

1. Yavaş pişiricinin güveç kabının tabanını ve yanlarını gresleyin.

2. Paketlenmiş (veya ev yapımı) dolguyu, paketin üzerindeki tarife göre tereyağı ve sıvı ile hazırlayın.

3. Hazırlanan dolguyu yağlanmış yavaş pişiricinin tabanına yerleştirin.

4. Tavuk parçalarını dolgunun üzerine yerleştirin. Tavuklar üst üste gelebilir ancak mümkün olduğunca az düzenlemeye çalışın. Yer varsa daha fazla tavuk kullanabilirsiniz.

5. Yoğunlaştırılmış kremalı tavuk çorbasını tavuğun üzerine dökün. Ayrıca mantar kreması veya kereviz kremasından hangisini tercih ederseniz kullanabilirsiniz. Mantarlarla tamamlayın. Mantarların çorbaya bulaşması için biraz karıştırdığınızdan emin olun.

6. Kapağını kapatıp kısık ateşte 5-7 saat pişirin.

7. •Tavuk göğüsleri uzun pişirme süresinden sonra kurumaya eğilimlidir, bu nedenle önce kontrol edin. Uyluklar tavuk göğüslerine göre daha yağlı olduğundan pişmeleri daha uzun sürebilir.

Diana'nın Tavuk Kralı

İÇİNDEKİLER

- 1 1/2 ila 2 pound kemiksiz tavuk

- 1 ila 1 1/2 bardak çubuk şeklinde kesilmiş havuç

- 1/2 inçlik parçalar halinde kesilmiş 1 demet yeşil soğan (taze soğan)

- 1 kutu Kraft Biber veya Zeytin Krem Peynir Ezmesi (5 ons)

- 1 kutu %98 yağsız tavuk çorbası.

- 2 yemek kaşığı kuru şeri (isteğe bağlı)

- Tatmak için biber ve tuz

HAZIRLIK

1. Tüm malzemeleri yavaş pişiriciye/tencereye (3 1/2 litre veya daha büyük) listelendiği sıraya göre yerleştirin; birleştirmek için karıştırın. Kapağını kapatıp 7-9 saat pişirin. Pirinç, kızarmış ekmek veya krakerlerin üzerine servis yapın.

2. 6'dan 8'e kadar servis yapar.

Sebzeli tavuk dereotu

İÇİNDEKİLER

- 1 ila 1 1/2 pound tavuk kanadı, 1 inçlik parçalar halinde kesilmiş

- 1 yemek kaşığı doğranmış kuru soğan (veya küçük soğan, doğranmış)

- 1 kutu %98 yağ içeren normal veya azaltılmış mantar çorbası

- 1 paket (1 oz) mantar sosu (tavuk veya köy sosunu kullanabilirsiniz)

- 1 bardak bebek havuç

- 1/2 ila 1 çay kaşığı dereotu

- tatlandırılmış tuz ve karabiber

- 1 bardak dondurulmuş bezelye

HAZIRLIK

1. İlk 7 malzemeyi yavaş pişirici/güveç tenceresinde birleştirin; örtün ve 6-8 saat pişirin. Son 30-45 dakikada donmuş bezelyeleri ekleyin. Pirinç veya patates püresi ile servis yapın.

2. Hizmetler 4.

Don'un tatlı ve ekşi tavuğu

İÇİNDEKİLER

- 2 ila 4 derisiz tavuk göğsü

- Parçalara ayrılmış 1 büyük soğan

- 2 adet doğranmış biber (biri yeşil, biri kırmızı)

- 1 bardak brokoli çiçeği

- 1/2 bardak havuç parçaları

- 1 büyük kutu ananas parçaları (suyu boşaltın ve SAKLAYIN)

- 1/4-1/2 su bardağı esmer şeker (normal şeker kullanabilirsiniz)

- Su/şarap/beyaz üzüm suyu/portakal suyu vb. ilave sıvı için gerektiği gibi

- Aldığınız her bardak sıvı için 1 yemek kaşığı mısır nişastası

- isteğe bağlı olarak isteğe göre baharatlı sos

- isteğe bağlı olarak tuz ve karabiber

- tarçın, isteğe bağlı

- Yenibahar, isteğe bağlı

- anahtar, isteğe bağlı

- köri tozu, isteğe bağlı

HAZIRLIK

1. Tavuk göğüslerini yavaş tencereye veya tencereye koyun. Soğanı, biberi, brokoliyi ve havucu ekleyin ve şeker, sıvı, baharat, mısır nişastası ve şeker topaklarından arınmış halde iyice birleşene kadar nabız atın. Tavuğun üzerine dökün. Yeterli meyve suyu yoksa, istediğiniz seviyeye getirmek için seçtiğiniz sıvıyı ekleyin. (AYRICA UNUTMAYIN: Yavaş pişiriciye dökmeden önce her ilave bardak sıvı için bir çorba kaşığı mısır nişastası ekleyin.)

2. Kapağını kapatıp 6 ila 8 saat DÜŞÜK ayarda pişirin. Bazen meyve kokteylleri ve biraz daha az şeker, ananas veya kayısı konserveleri ve hatta portakal marmelatı kullanarak tarifi değiştiriyorum. (Reçel veya şeker kullanırken elbette mısır nişastasına ihtiyacınız yok. Hayal gücünüzü kullanın. Tatlı ve ekşinin temelde meyve suyu ve sirke olduğunu unutmayın.

Kolay Yavaş Tencere Peynirli Tavuk

İÇİNDEKİLER

- 6 kemiksiz, derisiz yarım tavuk göğsü

- Tatmak için biber ve tuz

- tatmak için sarımsak tozu

- 2 kutu yoğunlaştırılmış kremalı tavuk çorbası

- 1 kutu yoğunlaştırılmış çedar peyniri çorbası

HAZIRLIK

1. Tavuğu durulayın ve üzerine tuz, karabiber ve sarımsak tozu serpin. Seyreltilmemiş çorbayı karıştırın ve bir tenceredeki tavuğun üzerine dökün.

2. Kapağı kapatın ve düşük hızda 6 ila 8 saat pişirin.

3. Pirinç veya eriştenin üzerinde servis yapın.

4. Hizmetler 6.

Kolay Tavuk Cacciatore

İÇİNDEKİLER

- 1 tavuk, doğranmış, 3 ila 3 1/2 pound

- 1 kavanoz spagetti sosu

- doğranmış soğan

- dilimlenmiş mantarlar

- doğranmış yeşil biber

- tuz ve biber

- parçalanmış biber

HAZIRLIK

1. Bütün bir parçalanmış tavuğu (3 ila 3 1/2 pound) güveç kabına/güveç kabına yerleştirin. Bir kavanoza spagetti sosu, biraz doğranmış soğan, mantar ve yeşil biber koyun. Tatmak için biber ve tuz. (Bu küçük kırmızı pul biberi de kullanıyorum.)

2. Bütün gün düşük sıcaklıkta pişirin (7 ila 9 saat arası). Erişte veya spagetti üzerinde servis yapın.

Kolay Tavuklu Makarna Sosu

İÇİNDEKİLER

• 1 kiloluk tavuk filetosu veya tavuk göğsü, doğranmış

• 1 kutu (15 ons) domates, doğranmış

• 1 küçük (6 ons) kutu domates salçası

• 1 sap kereviz, dilimler halinde kesilmiş

• 1/4 bardak doğranmış soğan

• 1/2 bardak doğranmış veya rendelenmiş havuç, konserve veya hafif yumuşayana kadar pişirilmiş

• 1/2 çay kaşığı kekik

• 1/2 çay kaşığı tuz

• 1/4 çay kaşığı biber

• 1/2 çay kaşığı sarımsak tozu

• biraz şeker veya başka bir tatlandırıcı (isteğe bağlı veya tadına göre)

HAZIRLIK

1. Tüm malzemeleri yavaş pişiricide veya tencerede birleştirin. Kapağını kapatıp kısık ateşte 6-8 saat pişirin. Servis yapmadan yaklaşık 30 dakika önce baharatı tadın ve ayarlayın ve gerekirse inceltmek için biraz su ekleyin. Bu kolay tavuk sosu tarifini spagetti, fettuccine veya diğer makarnaların üzerine servis edin.

2. Bu kolay tavuk tarifi 4 kişiliktir.

Bademli Kolay Tavuk

İÇİNDEKİLER

- 4 ila 6 tavuk göğsü, yıkanmış, derisiz

- 1 kutu (10 3/4 oz) kremalı tavuk çorbası

- 1 yemek kaşığı limon suyu

- 1/3 bardak mayonez

- 1/2 bardak ince dilimlenmiş kereviz

- 1/4 bardak ince doğranmış soğan

- 1/4 bardak süzülmüş ezilmiş kırmızı biber

- 1/2 bardak pullanmış veya dilimlenmiş badem

- isteğe bağlı doğranmış taze maydanoz

HAZIRLIK

1. Tavuk göğüslerini yavaş pişiricinin dibine yerleştirin. Bir kapta çorba, limon suyu, mayonez, kereviz, soğan ve kırmızı biber gevreğini birleştirin; tavuk göğüslerinin üzerine dökün. Kapağını kapatın ve tavuk yumuşayana kadar 5 ila 7 saat pişirin (yarı sakatatlı tavuk göğsü, darağacından daha az zaman alacaktır). Tavuk göğüslerini bir tabağa aktarın ve suyunu üzerine dökün. İstenirse üzerine biraz badem ve maydanoz ekleyin.

2. Sıcak pişmiş pirinç ve buharda pişirilmiş brokoli ile servis yapın.

3. 4 ila 6 kişiliktir.

Kolay Crockpot Cassoulet

İÇİNDEKİLER

• 1 yemek kaşığı sızma zeytinyağı

• 1 büyük soğan, ince doğranmış

• 4 kemiksiz, derisiz tavuk budu, iri doğranmış

• Kielbasa veya sıcak andouille gibi doğranmış 1/4 pound pişmiş tütsülenmiş sosis

• 3 diş sarımsak, doğranmış

• 1 çay kaşığı kurutulmuş kekik yaprağı

• 1/2 çay kaşığı karabiber

• 4 yemek kaşığı domates salçası

• 2 yemek kaşığı su

• 3 kutu (her biri yaklaşık 15 ons) kuzey fasulyesi, durulanmış ve suyu süzülmüş

• 3 yemek kaşığı kıyılmış taze maydanoz

HAZIRLIK

1. Zeytinyağını büyük bir tavada orta ateşte ısıtın.

2. Soğanı sıcak yağa ekleyin ve soğan yumuşayana kadar yaklaşık 4 dakika karıştırarak pişirin.

3. Tavuğu, sosisi, sarımsağı, kekiği ve biberi karıştırın. 5 ila 8 dakika veya tavuk ve sosis altın rengi kahverengi olana kadar pişirin.

4. Salçayı ve suyu ekleyin; yavaş tencereye aktarın. Baklaları tavuk karışımına karıştırın; kapağını kapatın ve 4-6 saat DÜŞÜK sıcaklıkta pişirin.

5. Servis yapmadan önce güvecin üzerine kıyılmış maydanoz serpin.

6. Hizmetler 6.

Cindy'nin Kolay Crockpot Tavuğu Santa Fe

İÇİNDEKİLER

- 1 kutu (15 ons) siyah fasulye, durulanmış ve suyu süzülmüş

- 2 kutu (15 oz) bütün mısır, süzülmüş

- En sevdiğiniz 1 bardak kalın, iri şişeli salsa

- 5 ila 6 derisiz, kemiksiz yarım tavuk göğsü (yaklaşık 2 pound)

- 1 su bardağı rendelenmiş kaşar peyniri

HAZIRLIK

1. 3 1/2 ila 5 litrelik yavaş pişiricide siyah fasulye, mısır ve 1/2 bardak sosu karıştırın.

2. Tavuk göğüslerinin üzerine dökün ve kalan 1/2 bardak sosu tavuğun üzerine dökün. Kapağı kapatın ve YÜKSEK sıcaklıkta 2 1/2-3 saat veya tavuk yumuşayana ve tamamen beyaz olana kadar pişirin. Aşırı pişirmeyin, aksi takdirde tavuk kuru olur.

3. Üzerine peynir serpin; Kapağını kapatıp peynir eriyene kadar yaklaşık 5 ila 15 dakika pişirin.

4. Hizmetler 6.

Geoff'in Soslu Kolay Kızarmış Tavuk

İÇİNDEKİLER

• 1 tavuk, kavrulmuş

• tuz ve biber

HAZIRLIK

1. Tavuğu temizleyip yıkayıp tencereye koyuyoruz. Biraz tuz ve biraz karabiber ekleyin. Maksimum 6 saat kadar bekletin.

2. Bitmiş ürünü çıkardığımızda kalan suyu bir bardağa boşaltın, üzerini alüminyum folyo ile örtün ve yaklaşık yarım saat dondurucuya koyun. Bu, bardağın üstündeki tüm yağın katılaşmasını sağlar. Bunu kazıyın ve kalan suyu sosa ekleyin.

Ananaslı ve zencefilli tavuk

İÇİNDEKİLER

• 4-5 kemiksiz tavuk göğsü, doğranmış (yaklaşık 3/4 inç)

• 1 demet yeşil soğan, 1/2 inçlik dilimler halinde kesilmiş, yaklaşık 3 inçlik yeşilliklerle birlikte

• 1 kutu (8 oz) ezilmiş ananas, suyu boşaltılmamış

• 1 yemek kaşığı ince kıyılmış kristalize zencefil

• 2 yemek kaşığı limon suyu

• 2 yemek kaşığı soya sosu (düşük sodyum)

• 3 yemek kaşığı şeker kamışı veya bal

• 1/2 çay kaşığı sarımsak tozu

HAZIRLIK

1. Tüm malzemeleri yavaş pişiricide birleştirin; örtün ve 6-8 saat pişirin. Pirinç veya düz erişte üzerinde servis yapın.

2. Hizmetler 4.

Yunan tavuğu

İÇİNDEKİLER

- 4 ila 6 derisiz tavuk göğsü

- 1 litre. (15 oz) kutu domates sosu

- 1 kutu (14,5 oz) doğranmış domates ve suyu

- 1 kutu dilimlenmiş mantar

- 1 kutu (4 ons) dilimlenmiş olgun zeytin

- 2 diş sarımsak, doğranmış

- 1 çorba kaşığı. limon suyu

- 1 çay kaşığı. kurutulmuş kekik yaprakları

- 1/2 bardak doğranmış soğan

- 1/2 sn. kuru beyaz şarap (isteğe bağlı)

- 2 bardak sıcak pişmiş pirinç

- Tatmak için tuz

HAZIRLIK

1. Tavuğu yıkayıp kurulayın. 350°'de yaklaşık 30 dakika pişirin. Bu arada diğer tüm malzemeleri (pirinç hariç) birleştirin. Tavuğu küp küp doğrayıp sosa ekleyin; örtün ve 4 ila 5 saat pişirin. Tavuğu ve sosu sıcak pişmiş pilavla birlikte servis edin.

2. 4'ten 6'ya kadar hizmetler.

Hawaii kürdanları

İÇİNDEKİLER

- 12 tavuk budu

- 1 bardak ketçap

- 1 su bardağı paketlenmiş esmer şeker

- 1/2 bardak soya sosu

- rendelenmiş taze zencefil, 1 yemek kaşığı

- bir miktar susam tohumu yağı

HAZIRLIK

1. Kapağını kapatıp kısık ateşte yaklaşık 8 saat pişirin. Beyaz pirinç üzerinde servis yapın.

2. Haha!

3. LeRoy ve Nitz Dawg tarafından paylaşılan Tavuk Uyluğu Tarifi!

Otlu Sebzeli Tavuk

İÇİNDEKİLER

• 3 ila 4 kiloluk tavuk parçaları

• 1 1/2 ila 2 bardak küçük bütün dondurulmuş veya konserve soğan, süzülmüş

• 2 bardak bütün havuç

• 1 inçlik parçalar halinde kesilmiş 2 orta boy patates

• 1 1/2 bardak tavuk suyu

• 2 inçlik parçalar halinde kesilmiş 2 orta boy kereviz sapı

• 2 dilim pastırma, doğranmış

• 1 defne yaprağı

• 1/4 çay kaşığı kurutulmuş kekik

• 1/4 çay kaşığı karabiber

• 1/4 bardak doğranmış taze maydanoz

• 2 yemek kaşığı taze tarhun (doğranmış) veya 1 çay kaşığı kurutulmuş tarhun

• 1 çay kaşığı rendelenmiş limon kabuğu rendesi

• 2 yemek kaşığı taze limon suyu

• 1/2 çay kaşığı tuz veya tadına göre

HAZIRLIK

1. Yavaş pişiricide tavuk, soğan, havuç, patates, et suyu, kereviz, domuz pastırması, defne yaprağı, kekik ve dolmalık biberi birleştirin. Kısık ateşte 8 ila 10 saat pişirin.

2. Bir kenara bırakın.

3. Delikli bir kaşık kullanarak tavuğu ve sebzeleri ısıtılmış bir tabağa alın. Filmle örtün ve sıcak tutun. Fazla yağı boşaltın ve çıkarın. Maydanozu, tarhun, limon kabuğu rendesini ve suyunu, damak tadınıza göre tuzla birlikte karıştırın; tavuk ve sebzelerin üzerine kaşıkla dökün.

Yabani pirinçli otlu tavuk

İÇİNDEKİLER

• 1 ila 1 1/2 pound tavuk kanadı veya kemiksiz yarım tavuk göğsü

• 6 ila 8 ons dilimlenmiş mantar

• 1 yemek kaşığı bitkisel yağ

• 2 veya 3 dilim ufalanmış pastırma veya 2 yemek kaşığı gerçek pastırma parçaları

• 1 çay kaşığı tereyağı

• 1 kutu (6 oz.) Uncle Bens (Tavuk Aromalı) Uzun Taneli Yabani Pirinç

• 1 kutu kremalı tavuk suyu, otlu veya doğal

• 1 bardak su

• 1 çay kaşığı karışık otlar, örneğin ince otlar veya favorilerinizin karışımı; maydanoz, kekik, tarhun vb.

HAZIRLIK

1. Tavuk parçalarını ve mantarları sıvı yağ ve tereyağında tavuk hafif kızarana kadar kızartın. Pastırmayı 3 1/2 ila 5 litrelik yavaş pişiricinin dibine yerleştirin. Pirinci pastırmanın üzerine yerleştirin. Baharat paketi kitabı. Tavuk filetolarını pirincin içine yerleştirin; tavuk göğsü kullanıyorsanız şeritler veya küpler halinde kesin. Çorbayı tavuğun üzerine dökün, ardından suyu ekleyin. Malzemeleri dökün ve bitki karışımını toz haline getirin. Kapağını kapatın ve DÜŞÜK ayarda 5 1/2 - 6 1/2 saat veya pirinç yumuşayana kadar (yumuşak değil) pişirin.

2. 4'ten 6'ya kadar hizmetler.

Bal ve zencefil ile tavuk

İÇİNDEKİLER

- 3 pound derisiz tavuk göğsü

- 1 1/4 inç taze zencefil kökü, soyulmuş ve ince doğranmış

- 2 diş sarımsak, doğranmış

- 1/2 bardak soya sosu

- 1/2 bardak bal

- 3 yemek kaşığı kuru şeri

- 2 yemek kaşığı suyla karıştırılmış 2 yemek kaşığı mısır nişastası

HAZIRLIK

1. Zencefil, sarımsak, soya sosu, bal ve şeri küçük bir kasede birleştirin. Tavuk parçalarını sosa batırın; tavuk parçalarını yavaş tencereye koyun; kalan sosu her şeyin üzerine dökün. Kapağı kapatın ve yaklaşık 6 saat boyunca DÜŞÜK sıcaklıkta pişirin.

2. Tavuğu sıcak servis tabağından çıkarın ve sıvıları tavaya veya tavaya dökün. Kaynatın ve hafifçe azaltmak için 3 ila 4 dakika kaynamaya devam edin. Mısır nişastasını sos karışımına çırpın.

3. Kısık ateşte koyulaşana kadar pişirin. Tavuğun üzerine biraz sos dökün ve gerisini ezin.

4. Tavuğu sıcak pilavla servis edin.

Bal ve tatlı patates ile ızgara tavuk

İÇİNDEKİLER

• 3 su bardağı soyulmuş ve dilimlenmiş tatlı patates, yaklaşık 2 orta ila büyük boy tatlı patates

• Suyu boşaltılmamış 1 kutu (8 ons) ananas parçaları

• 1/2 su bardağı tavuk suyu

• 1/4 bardak ince doğranmış soğan

• 1/2 çay kaşığı öğütülmüş zencefil

• En sevdiğiniz 1/3 bardak barbekü sosu

• 2 kaşık bal

• 1/2 çay kaşığı kuru hardal

• 4 ila 6 tavuk uyluk bölgesi (uyluklu but, derisiz deri)

HAZIRLIK

1. 3 1/2 ila 5 litrelik yavaş pişiricide tatlı patatesleri, ananası, meyve suyuyla, tavuk suyunu, doğranmış soğanı ve öğütülmüş zencefili birleştirin; iyice karışması için karıştırın. Küçük bir kapta barbekü sosunu, balı ve kuru hardalı birleştirin; iyice karışması için karıştırın. Tavuğun her tarafını barbekü sosuyla cömertçe kaplayın. Kaplamalı tavuğu, gerekirse üst üste gelecek şekilde tatlı patates ve ananas karışımının üzerine tek bir kat halinde yerleştirin. Barbekü sosu karışımının geri kalanını tavuğun üzerine dökün.

2. Kapsam; 7 ila 9 saat veya tavuk yumuşayana, meyve suları berraklaşana ve tatlı patatesler yumuşayana kadar pişirin.

3. 4 ila 6 kişiliktir.

Ballı Hoisin Tavuğu

İÇİNDEKİLER

• 2 ila 3 kiloluk tavuk parçaları (veya bütün tavuk, doğranmış)

• 2 yemek kaşığı soya sosu

• 2 kaşık kuru üzüm sosu

• 2 kaşık bal

• 2 yemek kaşığı sek beyaz şarap

• 1 yemek kaşığı rendelenmiş zencefil kökü veya 1 çay kaşığı öğütülmüş zencefil

• 1/8 çay kaşığı öğütülmüş karabiber

• 2 yemek kaşığı mısır nişastası

• 2 yemek kaşığı su

HAZIRLIK

1. Tavuğu yıkayın ve kurulayın; yavaş pişiricinin dibine yerleştirin.

2. Soya sosu, kuru üzüm sosu, bal, şarap, zencefil ve biberi birleştirin. Sosu tavukların üzerine dökün.

3. Kapağını kapatıp yaklaşık 5 1/2-8 saat veya tavuk yumuşayana ve meyve suları berraklaşana kadar pişirin.

4. Mısır nişastasını ve suyu karıştırın.

5. Tavuğu yavaş pişiriciden çıkarın; Yüksek açın ve mısır nişastası-su karışımını ekleyin.

6. Koyulaşana kadar pişirmeye devam edin ve ısınması için tavuğu yavaş pişiriciye ekleyin.

İtalyan tavuğu

İÇİNDEKİLER

- 4 tavuk göğsü, kemiksiz, parçalara ayrılmış

- 1 - 16 oz. konserve domates, doğranmış

- 1 büyük tatlı yeşil biber, doğranmış

- 1 küçük soğan, doğranmış

- 1 orta boy kereviz dalı, doğranmış

- 1 orta boy havuç, soyulmuş ve doğranmış

- 1 defne yaprağı

- 1 çay kaşığı kurutulmuş kekik

- 1 çay kaşığı kuru fesleğen

- 1/2 çay kaşığı kurutulmuş kekik, isteğe bağlı

- 2 diş sarımsak, doğranmış; Veya 2 çay kaşığı. Sarımsak tozu

- 1/2 çay kaşığı tuz

- 1/2 çay kaşığı kırmızı biber gevreği veya tadı

- 1/2 bardak rendelenmiş Roma veya Parmesan peyniri

HAZIRLIK

1. Rendelenmiş peynir hariç tüm malzemeleri yavaş pişiricide birleştirin.

2. Kapağını kapatıp kısık ateşte 6-8 saat pişirin. Servis yapmadan önce defne yaprağını çıkarın ve üzerine rendelenmiş peynir serpin.

3. Pilav veya makarnayla iyi gider

Crockpot İtalyan Usulü Tavuk

İÇİNDEKİLER

- 1 pound kemiksiz, derisiz tavuk budu veya 4 tavuk budu, derisiz

- 1/2 bardak doğranmış soğan

- 1/2 su bardağı dilimlenmiş olgun zeytin

- 1 kutu (14,5 oz) doğranmış domates, suyu çekilmemiş

- 1 çay kaşığı kurutulmuş kekik yaprağı

- 1/2 çay kaşığı tuz

- 1/2 çay kaşığı kurutulmuş biberiye, ufalanmış

- bir avuç kurutulmuş kekik yaprağı

- 1/4 çay kaşığı sarımsak tozu

- 1/4 bardak soğuk su veya tavuk suyu

- 1 yemek kaşığı mısır nişastası

HAZIRLIK

1. Yavaş pişiriciye 3 1/2 ila 5 litre tavuğu yerleştirin. Doğranmış soğan ve dilimlenmiş zeytin ile tamamlayın. Domatesleri kekik, tuz, biberiye, kekik ve sarımsak tozuyla birleştirin. Domatesli karışımı tavukların üzerine dökün. Kapağını kapatıp LOW'da 7-9 saat veya tavuk yumuşayana ve meyve suları berraklaşana kadar pişirin. Delikli bir kaşık kullanarak tavukları ve sebzeleri sıcak bir fırın tepsisine alın. Filmle örtün ve sıcak tutun. Tencereyi YÜKSEK seviyeye yükseltin.

2. Bir fincan veya küçük kasede su veya et suyu ile mısır nişastasını birleştirin; Pürüzsüz olana kadar karıştır. Sıvıları tencereye ekleyin. Kapağını kapatıp koyulaşana kadar pişirin. Kalın sosu tavukla birlikte servis edin.

3. Hizmetler 4.

İtalyan usulü tavuklu spagetti, yavaş pişirici

İÇİNDEKİLER

- 1 kutu (8 ons) domates sosu

- 6 ila 8 kemiksiz, derisiz tavuk göğsü

- 1 kutu (6 ons) domates salçası

- 3 yemek kaşığı su

- 3 orta boy diş sarımsak, doğranmış

- 2 çay kaşığı kurutulmuş kekik yaprağı, doğranmış

- 1 çay kaşığı şeker veya tadına göre

- sıcak pişmiş spagetti

- 4 ons rendelenmiş mozarella

- Rendelenmiş parmesan peyniri

HAZIRLIK

1. İstenirse tavuğu kızgın yağda kızartın; boşaltmak Cömertçe tuz ve karabiber serpin. Tavuğu yavaş tencereye yerleştirin. Domates sosu, salça, su, sarımsak, kekik ve şekeri birleştirin; tavukların üzerine dökün. Kapağı kapatın ve 6-8 saat DÜŞÜK sıcaklıkta pişirin. Tavuğu çıkarın ve sıcak tutun. Isıyı yüksek seviyeye getirin, mozarellayı sosun içine karıştırın. Peynir eriyene ve sos iyice ısınana kadar kapağı açık pişirin.
2. Sıcak pişmiş spagettinin üzerine tavuk ve sosu servis edin. Parmesanla servis yapın.
3. 6 ila 8 arası hizmet verir.

Hafif Tavuk Stroganof

İÇİNDEKİLER

•

1 su bardağı yağsız ekşi krema

• 1 yemek kaşığı Gold Metal Gold çok amaçlı un

• 1 torba tavuk sosu (yaklaşık 30 gram)

• 1 bardak su

• 1 pound kemiksiz, derisiz tavuk göğsü, 1 inçlik parçalar halinde kesilmiş

• 16 oz dondurulmuş California karışık yeşillikleri, çözülmüş

• 1 su bardağı dilimlenmiş mantar, sotelenmiş

• 1 bardak dondurulmuş bezelye

• 10 ons patates, soyulmuş ve 1 inçlik parçalar halinde kesilmiş, yaklaşık 2 orta boy patates, soyulmuş

• 1 1/2 bardak Bisquick kurabiye karışımı

• 4 yeşil soğan, doğranmış (1/3 bardak)

•

1/2 bardak %1 yağsız süt.

HAZIRLIK

1. Ekşi krema, un, sos karışımı ve suyu 3-1/2 ila 5 litrelik bir
    tencerede pürüzsüz hale gelinceye kadar karıştırın. Tavuk,
    sebze ve mantarları karıştırın. Kapağını kapatıp 4 saat veya
    tavuk yumuşayana ve sos koyulaşana kadar pişirin.
    Bezelyeyi birleştirin. Pişirme karışımını ve soğanları
    karıştırın. Sütü nemlendirilinceye kadar karıştırın. Hamuru
    yuvarlak kaşıklarla tavuk ve sebze karışımlarının üzerine
    dökün. Kapağı kapatın ve 45 ila 50 dakika kadar yüksek
    sıcaklıkta veya köftelerin ortasına batırılan kürdan temiz
    çıkana kadar pişirin.
2. Hemen 4 porsiyon servis yapın.

Lilly'nin Peynir Soslu Yavaş Pişirilmiş Tavuk

İÇİNDEKİLER

- 6 kemiksiz, derisiz yarım tavuk göğsü

- 2 kutu kremalı tavuk çorbası

- 1 kutu peynir çorbası

- tatmak için tuz, karabiber, sarımsak tozu

HAZIRLIK

1. Tavuk göğüslerine sarımsak tozu, tuz ve karabiber serpin.
2. Yavaş tencereye 3 tavuk göğsü yerleştirin. Tüm çorbaları birleştirin; Çorbanın yarısını üstteki 3 tavuk göğsünün üzerine dökün.
3. Kalan 3 tavuk göğsünü üstüne yerleştirin. Kalan çorbayı dökün.
4. Kapağı kapatın ve 6-8 saat DÜŞÜK sıcaklıkta pişirin.

Meksika tavuk göğsü

İÇİNDEKİLER

• 2 yemek kaşığı bitkisel yağ

• 3-4 kemiksiz, derisiz tavuk göğsü, 1 inçlik parçalar halinde kesilmiş

• 1/2 bardak doğranmış soğan

• 1 yeşil biber (veya kırmızı biber kullanın)

• 1 veya 2 küçük jalapeno biberi, ince doğranmış

• 3 diş sarımsak, doğranmış

• 1 kutu (4 ons) tatlı biber, doğranmış

• 1 kutu (14 1/2 ons) doğranmış Meksika, kırmızı biber veya kavrulmuş domates

• 1 çay kaşığı kurutulmuş kekik yaprağı

• 1/4 çay kaşığı öğütülmüş kimyon

• karışık rendelenmiş Meksika peyniri

• Sos

İsteğe bağlı garnitürler

• Ekşi krema

• Guacamole

• dilimlenmiş yeşil soğan

• doğranmış domates

- doğranmış marul

- olgun dilimlenmiş zeytinler

-

Kişniş

HAZIRLIK

1. Yağı büyük bir tavada orta ateşte ısıtın. Kahverengi tavuk göğsü. Çıkarın ve boşaltın.
2. Aynı tavada soğanı, yeşil biberi, sarımsağı ve jalapeño'yu yumuşayana kadar soteleyin.
3. Tavuk göğsü ve soğan karışımını yavaş tencereye yerleştirin.
4. Yavaş tencereye hafif biber, domates, kekik ve kimyon ekleyin; birleştirmek için karıştırın.

5. Kapağı kapatın ve DÜŞÜK 6-8 saat (YÜKSEK 3-4 saat) pişirin.
6. Sıcak unlu tortilla, rendelenmiş peynir ve salsa ile birlikte en sevdiğiniz soslarla servis yapın.
7. Guacamole veya ekşi krema, dilimlenmiş yeşil soğan veya doğranmış domates ile iyi bir sos olur.

Paula'nın pırasalı tavuğu

İÇİNDEKİLER

- 3-4 kilo kemiksiz tavuk parçası

- Yaklaşık 1/4 inç kalınlığında dilimlenmiş 4 ila 6 patates

- 1 paket pırasa çorbası

- 1 adet ince dilimlenmiş pırasa veya 4 adet dilimlenmiş yeşil soğan

- 1/2 ila 1 bardak su

- kırmızı biber

- Çeşniler •

HAZIRLIK

1. Patatesleri yavaş pişiricinin/tencerenin dibine yerleştirin, soğanı veya pırasayı ekleyin, ardından tavuğu ekleyin. (Eğer birden fazla kat tavuk olacaksa, bunları atarken tuz ve karabiber ekleyin. Üst katmanı henüz baharatlamayın.) Pırasa çorbasını yaklaşık 1/2 bardak su ile karıştırın; her şeyin üzerine dökün. Tavuğun üst katmanını baharatlayın. Bu noktada renk vermesi için kırmızı biber de serpiyorum.

• İsterseniz baharat olarak biraz kıyılmış sarımsak ve biraz taze biberiye ekleyin.

Gerekirse daha fazla su ekleyerek 6-7 saat pişirin.

Barbekü Sosu

- 1 1/2 bardak ketçap

- 4 yemek kaşığı tereyağı

- 1/2 bardak Jack Daniels veya başka kaliteli viski

- 5 yemek kaşığı şeker kamışı

- 3 yemek kaşığı pekmez

- 3 yemek kaşığı elma sirkesi

- 2 yemek kaşığı Worcestershire sosu

- 1 yemek kaşığı soya sosu

- 4 çay kaşığı Dijon usulü hardal veya gurme hardalı

- 2 çay kaşığı sıvı duman

- 1 1/2 çay kaşığı soğan tozu

- 1 çay kaşığı sarımsak tozu

- Tatlandırmak için 1 yemek kaşığı sriracha veya daha fazlası (yaklaşık 1 çay kaşığı kırmızı biberin yerine kullanılabilir)

-

1/2 çay kaşığı öğütülmüş karabiber

HAZIRLIK

1. Alüminyum folyo ile 2 kenarlı fırın tepsisini çizin; yapışmaz pişirme spreyi sıkın. Fırını 425°'ye önceden ısıtın.
2. Çikolataları un, 1 çay kaşığı tuz ve 1/2 çay kaşığı biber karışımına atın.

3. Tepsilere yerleştirip 20 dakika kadar pişirin. Bidonları ters çevirin ve tekrar fırına koyun. 20 dakika daha veya altın rengi kahverengi olana kadar pişirin.
4. Bu arada sos malzemelerinin tamamını orta boy bir tencereye koyun; iyice karıştırın ve orta ateşte kaynatın.
5. Isıyı azaltın ve 5 dakika pişirin.
6. Timballarını bir kaseye veya yavaş tencereye aktarın (eğer onları bir parti için sıcak tutuyorsanız). Barbekü sosunun yaklaşık yarısını üzerine gezdirin. Hemen sosla servis yapın veya sıcak tutmak için yavaş pişiriciyi DÜŞÜK konumuna getirin. Hemen servis yapmayacaksanız, kalan sosu servise hazır olana kadar buzdolabında saklayın.
7. Bagetleri daldırma sosuyla birlikte sıcak olarak servis edin. Elinizde bol miktarda peçete bulundurun.
8. Bu tariften yaklaşık 3 düzine çıkıyor, meze olarak 6-8 kişiye yetiyor.

Sherri'nin Tavuk ve Köfte

İÇİNDEKİLER

- 4 yarım tavuk göğsü

- 2 kutu tavuk suyu (3 1/2 bardak)

- 1 bardak su

- 3 küp tavuk suyu veya eşdeğeri baz veya granül

- 1 küçük havuç, doğranmış

- 1 küçük kereviz sapı, doğranmış

- 1/2 bardak doğranmış soğan

-

12 büyük un tortillası

HAZIRLIK

1. Tortilla hariç tüm malzemeleri yavaş ocakta birleştirin. 8 ila 10 saat kadar kısık ateşte pişirin. Tavuğu çıkarın ve eti kemiklerinden çıkarın, ardından et suyunu büyük bir tencerede kaynamaya getirin. Tavuğu ısırık büyüklüğünde parçalar halinde kesin ve ateşteki et suyuna geri dönün. Yavaş kaynatın.
2. Ekmeği ikiye ve ardından 1 inçlik şeritler halinde kesin. Şeritleri kaynayan et suyuna koyun ve ara sıra karıştırarak 15-20 dakika pişirin. Et suyu kalınlaşmalıdır, ancak çok fazla hareket ediyorsa, 1 çorba kaşığı mısır nişastasını eritmeye yetecek kadar suyla birleştirin ve et suyuna karıştırın.
3. 5-10 dakika daha pişirin.
4. Hizmetler 4.

Basit Yavaş Tencere Tavuk Barbekü

İÇİNDEKİLER

•

3 kemiksiz yarım tavuk göğsü

• 1 1/2 bardak sıcak barbekü sosu, sizin seçiminiz ve servis için daha fazlası

• 1 orta boy soğan, doğranmış veya doğranmış

• kızarmış sandviçler

•

Lahana salatası, servis et

HAZIRLIK

1. Tavuk göğüslerini yıkayıp kurulayın. 1 1/2 bardak barbekü sosu ve soğanla birlikte yavaş tencereye koyun. Tavuğu kaplamak için atın. Kapağı kapatın ve 3 saat boyunca YÜKSEK pişirin.
2. Tavuk göğüslerini bir tabağa alıp ezin veya doğrayın. Kıyılmış tavuğu yavaş ocakta sosa döndürün; karıştırmak için karıştırın. Kapağını kapatıp 10 dakika daha pişirin.
3. Kıyılmış tavukları, lahana salatası ve ekstra barbekü sosuyla kızarmış sandviçlerin üzerinde servis edin.
4. 4'ten 6'ya kadar servis edilir.

Dijon Yavaş Tencerede Tavuk

İÇİNDEKİLER

•

1 ila 2 kilo tavuk göğsü

• 1 kutu yoğunlaştırılmış kremalı tavuk çorbası, seyreltilmemiş (10 1/2 ons)

• 2 yemek kaşığı sade veya granül Dijon hardalı

• 1 yemek kaşığı mısır nişastası

• 1/2 bardak su

• zevkinize biber

• 1 çay kaşığı kurutulmuş maydanoz gevreği veya 1 yemek kaşığı kıyılmış taze maydanoz

HAZIRLIK

1. Tavuğu yıkayın ve kurulayın; yavaş tencereye yerleştirin. Çorbayı hardal ve mısır unu ile birleştirin; suyu ekleyip karıştırın. Maydanozu ve biberi ekleyip karıştırın. Karışımı tavukların üzerine dökün. Kapağı kapatın ve 6-7 saat DÜŞÜK sıcaklıkta pişirin. Sıcak pişmiş pirinç ve bir yanında sebze ile servis yapın.
2. Tavuk Dijon tarifi 4 ila 6 kişiliktir.

Yavaş tencerede barbekü tavuk

İÇİNDEKİLER

- 3 ila 4 kiloluk tavuk parçaları

- 1 büyük soğan, parçalara bölünmüş

- 1 şişe barbekü sosu

HAZIRLIK

1. Tavuğu yavaş pişiricinin veya güveç kabının dibine yerleştirin ve soğanları ve barbekü sosunu ekleyin. DÜŞÜK ayarda yaklaşık 6-8 saat veya tavuk yumuşayıncaya ancak parçalanıncaya kadar pişirin.
2. 4'ten 6'ya kadar servis edilir.

Yavaş bir tencerede ızgara tavuk butları

İÇİNDEKİLER

-

1/2 su bardağı un

-

1/2 çay kaşığı sarımsak tozu

-

1 çay kaşığı kuru hardal

-

1 çay kaşığı tuz

-

1/4 çay kaşığı biber

-

8 tavuk budu

-

2 yemek kaşığı bitkisel yağ

-

1 su bardağı kalın barbekü sosu

HAZIRLIK

1. Unu, sarımsak tozunu, hardalı, tuzu ve karabiberi plastik bir torbaya koyun. Tavuğu her seferinde birkaç parça halinde ekleyin ve iyice kaplayın. Yağı büyük bir tavada ısıtın; tavuğu ekleyin ve her tarafını kızartın. Barbekü sosunun yarısını tavaya koyun; tavuğu ekleyin ve ardından kalan

sosu ekleyin. 6 ila 7 saat veya tavuk yumuşayana ve meyve suları berraklaşana kadar pişirin.

2. 4'ten 6'ya kadar servis edilir.

Yavaş Pişirilmiş Sosisli Tavuklu Makarna Sosu

İÇİNDEKİLER

- 1 yemek kaşığı zeytinyağı

- 4 diş ezilmiş sarımsak

- 1/2 bardak doğranmış soğan

- 1 kırmızı biber, doğranmış

- 1 yeşil biber, doğranmış

- 1 küçük kabak, doğranmış

- 1 kutu (4 ons) mantar

- 1 kutu haşlanmış domates, İtalyan baharatı

- 1 kutu (6 ons) domates salçası

- 3 tatlı İtalyan sosisi

- 4 adet kemiksiz yarım tavuk göğsü, şeritler halinde kesilmiş

- 1 çay kaşığı İtalyan baharatı •

- isteğe bağlı olarak kırmızı biber gevreği

HAZIRLIK

1. Yağı tavada ısıtın. Soğanı ve sarımsağı altın rengi olana kadar soteleyin. Ayırmak

2. Sosisleri ekleyin; her tarafı kahverengi. Tavuğu ekleyin ve altın rengi kahverengi olana kadar pişirin. Fazla yağı boşaltın. Sosisleri 1 inçlik parçalar halinde kesin. Yavaş bir tencerede kalan tüm malzemeleri soğan ve sarımsakla

birleştirin. Sosisleri ekleyin ve tavuk şeritleriyle süsleyin. Kapağını kapatın ve tavuk yumuşayıncaya kadar ancak kuruyana kadar 4-6 saat DÜŞÜK sıcaklıkta pişirin.
3. Bu lezzetli sosu sıcak pişmiş makarnanın üzerine servis edin.
4. Hizmetler 4.

Yavaş Tencerede Tavuk Köri

İÇİNDEKİLER

- 2 bütün tavuk göğsü, kemikleri çıkarılmış ve doğranmış

- 1 kutu tavuk çorbası

- 1/4 bardak kuru şeri

- 2 yemek kaşığı. tereyağı veya margarin

- Üst kısmı ince doğranmış 2 yeşil soğan

- 1/4 çay kaşığı. köri tozu

- 1 çay kaşığı. tuz

- Bir tutam biber

-

sıcak pişmiş pirinç

HAZIRLIK

1. Tavukları bir tencereye koyun. Pirinç hariç diğer tüm malzemeleri ekleyin. Kapağını kapatın ve 4 ila 6 saat DÜŞÜK sıcaklıkta veya 2 ila 3 saat YÜKSEK sıcaklıkta pişirin. Sıcak pilavın üzerinde servis yapın.

Yavaş pişirilmiş pilavlı körili tavuk

İÇİNDEKİLER

• 4 adet kemiksiz, derisiz tavuk göğsü, 1 inçlik şeritler veya parçalar halinde kesilmiş

• 2 büyük soğan, dörde bölünmüş ve ince dilimlenmiş

• 3 diş sarımsak, doğranmış

• 1 yemek kaşığı soya veya tamari sosu

• 1 çay kaşığı Madras köri tozu

• 2 çay kaşığı biber tozu

• 1 çay kaşığı zerdeçal

• 1 çay kaşığı öğütülmüş zencefil

• 1/3 bardak tavuk suyu veya su

• tatmak için tuz ve taze çekilmiş karabiber

•

sıcak pişmiş pirinç

HAZIRLIK

1. Pirinç dışındaki tüm malzemeleri yavaş tencerede veya güveçte birleştirin.
2. Kapağını kapatıp 6 ila 8 saat veya tavuk yumuşayana kadar pişirin.
3. Gerekirse tuz ve karabiberi tadın ve ayarlayın.
4. Pirinç veya erişte üzerinde servis yapın

Yavaş tencerede tavuk enchiladas

İÇİNDEKİLER

•

3 su bardağı doğranmış pişmiş tavuk

• 3 su bardağı rendelenmiş biberli karışık Meksika peyniri, bölünmüş

• 1 kutu (4,5 ons) doğranmış yeşil biber

• 1/4 bardak doğranmış taze kişniş

• 1 1/2 bardak ekşi krema, bölünmüş

• 8 unlu tortilla (8 inç)

• 1 bardak domates sosu

• Önerilen garnitürler: doğranmış domates, dilimlenmiş yeşil soğan, olgun zeytin, jalapeno halkaları, doğranmış taze kişniş

HAZIRLIK

1. 4 ila 6 litrelik yavaş pişiricinin çanak parçasını hafifçe yağlayın.
2. Bir kasede doğranmış tavuğu 2 su bardağı rendelenmiş peynir, doğranmış yeşil biber, 1/4 su bardağı kıyılmış kişniş ve 1/2 su bardağı ekşi krema ile birleştirin; Malzemeleri birleştirmek için karıştırın.
3. Tavuklu karışımın bir kısmını tortillaların ortasına dökün ve karışımı sekiz tortillaya eşit şekilde paylaştırın. Bunları yuvarlayın ve hazırlanan yavaş pişiriciye dikiş tarafı aşağı bakacak şekilde yerleştirin.
4. Gerekirse ekmeği istifleyin.
5. Küçük bir kapta sosu kalan 1 bardak ekşi kremayla birleştirin. Karışımı tortillaların üzerine dökün.
6. Kapağı kapatın ve 4 saat boyunca DÜŞÜK sıcaklıkta pişirin. Tortillaları rendelenmiş peynirin geri kalanıyla serpin. Kapağı kapatın ve yaklaşık 20-30 dakika daha DÜŞÜK seviyede pişirin.
7. 4'ten 6'ya kadar servis edilir.

Yavaş tencerede sebzeli tavuklu fricassee

İÇİNDEKİLER

- 4 ila 6 kemiksiz, derisiz tavuk göğsü

- Tatmak için biber ve tuz

- 2 yemek kaşığı tereyağı

- 2 diş sarımsak, doğranmış

- 3 yemek kaşığı çok amaçlı un

- 2 bardak düşük sodyumlu tavuk suyu

- 1 çay kaşığı kurutulmuş kekik yaprağı

- 1/2 çay kaşığı kurutulmuş tarhun yaprağı

- 3-4 havuç, 2 inçlik parçalar halinde kesilmiş 2-

- 2 soğan, ikiye bölünmüş, kalın dilimlenmiş

- 2 büyük pırasanın sadece beyaz kısmı, yıkanıp doğranmış

- 1 defne yaprağı

- 1/2 bardak yarım buçuk veya açık krema

-

1 1/2 su bardağı dondurulmuş bezelye, çözülmüş

HAZIRLIK

1. Tavuk göğüslerini yıkayıp kurulayın. Bir kenara bırakmak
    Kıyılmış sarımsakları tereyağında bir dakika soteleyin,
    ardından unu ekleyin ve yumuşayana kadar karıştırarak
    pişirin. Et suyunu (et suyunun bir kısmı yerine 1/4 bardak
    sek beyaz şarap veya şeri kullanılabilir), kekik ve tarhunu
    dökün ve koyulaşana kadar karıştırın. Soğanları, havuçları,
    tavuğu ve ardından pırasayı Crock Pot'a yerleştirin; Her
    şeyin üzerine sos dökün. Defne yaprağını ekleyin. Kapağı
    kapatın ve 6-7 saat DÜŞÜK sıcaklıkta veya 3-5 saat YÜKSEK
    sıcaklıkta pişirin.
2. Düşük sıcaklıkta yapılırsa, yükseğe geçin ve yarı yarıya
    karıştırın ve bezelyeleri çözün. Kapağını kapatın ve 15
    dakika daha veya bezelyeler iyice ısınana kadar yüksek
    ateşte pişirmeye devam edin. Baharatları tadın ve ayarlayın.
    Servis yapmadan önce defne yaprağını çıkarın.
3. 4'ten 6'ya kadar servis edilir.

Acı soslu yavaş tencerede tavuk

İÇİNDEKİLER

- 1/2 sn. domates suyu

- 1/2 sn. soya sosu

- 1/2 sn. esmer şeker

- 1/4 sn. Tavuk çorbası

- 3 diş sarımsak, doğranmış

- 3 ila 4 kiloluk derisiz tavuk parçaları

HAZIRLIK

1. Tavuk hariç tüm malzemeleri derin bir kapta birleştirin. Her bir tavuk parçasını sosa batırın. Yavaş tencereye koyun. Kalan sosu dökün. Düşük ateşte 6-8 saat, yüksek ateşte ise 3-4 saat pişirin.
2. 6 porsiyon için.

Köri Tozu ile Yavaş Pişirilmiş Tavuk Madras

İÇİNDEKİLER

- 3 soğan, ince dilimler halinde kesilmiş

- 4 elma, soyulmuş, çekirdekleri çıkarılmış ve ince dilimlenmiş

- 1 çay kaşığı tuz

- 1 veya 2 çay kaşığı köri tozu veya tadına göre

- 1 adet kızarmış tavuk, parçalara ayrılmış

- kırmızı biber

HAZIRLIK

1. Tencerede soğanı ve elmaları birleştirin; tuz ve köri tozu serpin. iyice karıştırın Tavuk derisini soğan karışımının üzerine yerleştirin. cömertçe kırmızı biber serpin.
2. Kapağını kapatın ve tavuk yumuşayana kadar 6-8 saat DÜŞÜK sıcaklıkta pişirin.
3. Gerektiğinde tadın ve daha fazla baharat ekleyin.
4. Hizmetler 4.

Yavaş tencerede mantarlı tavuk

İÇİNDEKİLER

- 6 kemiksiz, derisiz yarım tavuk göğsü

- 1 1/4 çay kaşığı tuz

- 1/4 çay kaşığı biber

- 1/4 çay kaşığı kırmızı biber

- 1 3/4 çay kaşığı granül aromalı tavuk suyu veya tavuk suyu

- 1 1/2 su bardağı dilimlenmiş taze mantar

- 1/2 bardak yeşil soğan, dilimlenmiş, sebzeli

- 1/2 bardak sek beyaz şarap

- 1/2 bardak buharlaştırılmış süt

- 5 çay kaşığı mısır nişastası

- doğranmış taze maydanoz

HAZIRLIK

1. Tavuğu yıkayıp kurulayın. Bir kapta tuz, karabiber ve kırmızı biberi birleştirin. Karışımın tamamını kullanarak tavuğun her tarafını ovalayın. Yavaş bir tencerede alternatif tavuk, et suyu veya et suyu granülleri, mantarlar ve yeşil soğan katmanları. Şarabı yavaşça dökün. Malzemeleri karıştırmayın. Kapağı kapatın ve yüksek sıcaklıkta 2 1/2-3 saat veya düşük sıcaklıkta 5-6 saat veya tavuk yumuşayıncaya kadar fakat parçalanıncaya kadar pişirin.

2. Delikli bir kaşık kullanarak tavukları ve sebzeleri bir tabağa veya kaseye alın. Alüminyum folyo ile örtün ve tavuğu sıcak

tutun. Küçük bir tencerede buharlaştırılmış süt ve mısır nişastasını pürüzsüz hale gelinceye kadar karıştırarak birleştirin. Yavaş yavaş 2 bardak pişirme sıvısını ekleyin. Orta ateşte karıştırarak kaynatın; 1 dakika veya koyulaşana kadar kaynatmaya devam edin. Sosun bir kısmını tavuğun üzerine gezdirin ve istenirse maydanozla süsleyin. İstenirse sıcak pilav veya erişte ile servis yapın.

Mavi Kordon yavaş pişirme

İÇİNDEKİLER

• 6 kemiksiz, derisiz yarım tavuk göğsü - hafifçe düzleşinceye kadar doğranmış

• 6 ince dilim jambon

• 6 ince dilim İsviçre peyniri

• Kaplama için 1/4 ila 1/2 bardak un

• 1/2 pound dilimlenmiş mantar

• 1/2 su bardağı tavuk suyu

• 1/2 bardak sek beyaz şarap (veya tavuk suyu kullanın)

• 1/2 çay kaşığı kıyılmış biberiye

• 1/4 bardak rendelenmiş parmesan

• 1 yemek kaşığı soğuk suyla karıştırılmış 2 çay kaşığı mısır nişastası

• Tatmak için biber ve tuz

HAZIRLIK

1. Düzleştirilen her tavuk göğsünün üzerine bir dilim jambon ve bir dilim peynir koyun ve yuvarlayın. Kürdanlarla sabitleyin ve her birini kaplamak için un içinde yuvarlayın. Mantarları yavaş tencereye ve ardından tavuk göğüslerini yerleştirin. Et suyunu, şarabı (eğer kullanılıyorsa) ve biberiyeyi çırpın; tavukların üzerine dökün. Parmesan serpin. Kapağını kapatıp kısık ateşte 6-7 saat pişirin. Servis yapmadan hemen önce tavuğu çıkarın; sıcak tutmak

2. Yavaş pişiriciden çıkan meyve sularına mısır nişastası
   karışımını ekleyin; koyulaşana kadar karıştırın. Tuz ve
   karabiber, ardından tadın ve baharatları ayarlayın. Sosu
   tavuk rulolarının üzerine dökün ve servis yapın.
3. Hizmetler 6.

Yavaş Tencerede Dijon Tavuğu

İÇİNDEKİLER

-

4 kemiksiz yarım tavuk göğsü

-

1 yemek kaşığı dolusu Dijon hardalı balı

- tuz ve iri öğütülmüş karabiber veya baharatlı biber

- 2 paket (her biri 8 ons) bebek ıspanak veya 1 pound taze ıspanak yaprağı, yıkanmış ve kurutulmuş

- 2 yemek kaşığı tereyağı, küçük parçalar halinde kesilmiş

- isteğe bağlı olarak doğranmış taze kişniş veya maydanoz

-

kavrulmuş pullanmış badem, isteğe bağlı•

HAZIRLIK

1. Yavaş pişiricinin pişirme kabını yağlayın veya yapışmaz pişirme spreyi püskürtün.
2. Tavuk göğüslerini yıkayıp kurulayın.
3. Tavuğu ballı hardalla ovalayın; Tuz ve karabiber serpin.
4. Tavuk göğüslerini yavaş pişiricinin fırın tepsisine yerleştirin. Ispanakla süsleyin.
5. Yavaş pişiriciniz tüm ıspanak için çok küçükse, kısa süre buharda pişirin ve solmuş ıspanak yapraklarını ekleyin.
6. Ispanağı tereyağla gezdirin ve üzerine daha fazla tuz ve karabiber serpin.
7.
8. İsterseniz kişniş veya maydanozla süsleyin veya servis yapmadan önce üzerine kızarmış badem serpin.

9. Kapağı kapatın ve 5-6 saat DÜŞÜK sıcaklıkta pişirin.

•Bademleri kızartmak için orta ateşte kuru bir tavaya ekleyin. Hafifçe kızarana ve aromatik hale gelinceye kadar sürekli karıştırarak pişirin.

Yavaş Tencere Limonlu Tavuk

İÇİNDEKİLER

- 1 et fritözü, doğranmış veya yaklaşık 3 1/2 pound tavuk parçası

- 1 çay kaşığı ezilmiş kuru kekik yaprağı

- 2 diş sarımsak, doğranmış

- 2 yemek kaşığı tereyağı

- 1/4 bardak sek şarap, şeri, tavuk suyu veya su

- 3 yemek kaşığı limon suyu

- Tuz ve biber

HAZIRLIK

1. Tavuk parçalarını tuz ve karabiberle tatlandırın. Sarımsağın ve kekiklerin yarısını tavuğun üzerine serpin.
2. Tereyağını bir tavada orta ateşte eritin ve tavukların her tarafını kızartın.
3. Tavuğu tavaya aktarın. Kalan kekik ve sarımsağı serpin. Tavaya şarap veya şeri ekleyin ve kızaran parçaları gevşetmek için karıştırın; yavaş tencereye dökün.
4. Kapağını kapatıp DÜŞÜK (200°) sıcaklıkta 7-8 saat pişirin. Son dakikada limon suyunu ekleyin.
5. Meyve sularının yağını alın ve servis kasesine dökün; İstenirse meyve sularını koyulaştırın.
6. Tavuğu meyve sularıyla birlikte servis edin.
7. Hizmetler 4.

Yavaş Tencerede Çekilmiş Tavuk

İÇİNDEKİLER

- 1 yemek kaşığı tereyağı

- 1 su bardağı doğranmış soğan

- 1/2 çay kaşığı kıyılmış sarımsak

- 1 1/2 bardak ketçap

- 1/2 bardak kayısı reçeli veya şeftali reçeli

- 3 yemek kaşığı elma sirkesi

- 2 yemek kaşığı Worcestershire sosu

- 2 çay kaşığı sıvı duman

- 2 yemek kaşığı pekmez

- bir tutam yenibahar

- 1/4 çay kaşığı taze çekilmiş karabiber

- 1/8 ila 1/4 çay kaşığı öğütülmüş kırmızı biber

- 1 kilo kemiksiz tavuk göğsü

- 1 kilo kemiksiz tavuk budu

HAZIRLIK

1. Orta ateşte orta boy bir tencerede tereyağını eritin. Tereyağı köpürünce doğranmış soğanları ekleyin ve soğanlar yumuşayıp hafifçe kızarıncaya kadar karıştırarak pişirin. Kıyılmış sarımsağı ekleyin ve karıştırarak yaklaşık 1 dakika daha pişirin. Ketçap, kayısı reçeli, sirke, Worcestershire sosu, sıvı duman, pekmez, yenibahar, karabiber ve kırmızı biberi ekleyin. 5 dakika kaynatın.
2. Yavaş pişiricinin içine 1 1/2 bardak sos koyun.
3. Kalan sosu ayırın; bir kaba koyun ve servis yapana kadar buzdolabında saklayın. Tavuk parçalarını yavaş tencereye ekleyin. Kapağı kapatın ve 4 1/2-5 saat DÜŞÜK sıcaklıkta veya tavuk çok hassas hale gelinceye ve kolayca parçalanıncaya kadar pişirin. Çatal kullanarak tavuk parçalarını ezin.
4. Lahana salatası ve ekstra barbekü sosuyla kızarmış sandviçlerin üzerinde servis yapın.
5. Menüde ayrıca patates salatası veya fırınlanmış patatesin yanı sıra kuru fasulye, turşu ve dilimlenmiş domates de bulunabilir. Barbekümde lahana salatası ve turşuyu severim, ancak diğer malzemeler arasında jalapeño biber halkaları, ince dilimlenmiş kırmızı soğan, sade kıyılmış lahana ve dilimlenmiş domates veya salatalık bulunabilir.
6. Hizmetler 8.

Füme sosis ve lahana

İÇİNDEKİLER

*

1 küçük lahana, iri doğranmış

*

1 büyük soğan, kabaca doğranmış

1 1/2 ila 2 pound Polonya sosisi veya füme kielbasa, 1 ila 2 inçlik parçalar halinde kesilmiş

* 1 bardak elma suyu

* 1 yemek kaşığı Dijon hardalı

* 1 yemek kaşığı elma sirkesi

* 1 veya 2 yemek kaşığı şeker kamışı

* 1 çay kaşığı kimyon tohumu, isteğe bağlı

* zevkinize biber

HAZIRLIK

1. Lahanayı, soğanı ve sosisi 5 veya 6 litrelik yavaş tencereye koyun (3 1/2 litrelik bir tencere için daha az lahana kullanın veya yaklaşık 10 dakika pişirin, ardından süzün ve ekleyin). Kullanıyorsanız meyve suyu, hardal, sirke, esmer şeker ve kimyon tohumlarını karıştırın; Yavaş pişirici malzemelerini üstüne dökün. Tatmak için biber serpin. Kapağını kapatıp 8-10 saat pişirin. İstenirse patates ve yeşil salata ile servis yapın.

İspanyol Pilavlı Tavuk

İÇİNDEKİLER

- 4 yarım tavuk göğsü, derisiz

- 1/4 çay kaşığı tuz

- 1/4 çay kaşığı biber

- 1/4 çay kaşığı kırmızı biber

- 1 yemek kaşığı bitkisel yağ

- 1 orta boy soğan, doğranmış

- 1 küçük kırmızı biber, doğranmış (veya közlenmiş biber doğranmış)

- 3 diş sarımsak, doğranmış

- 1/2 çay kaşığı kurutulmuş biberiye

- 1 kutu (14 1/2 oz) ezilmiş domates

- 1 paket (10 ons) dondurulmuş bezelye

HAZIRLIK

1. Tavuğu tuz, karabiber ve kırmızı biberle baharatlayın. Bir tavada yağı orta ateşte ısıtın ve tavukların her tarafını kızartın. Tavuğu yavaş tencereye aktarın.
2. Küçük bir kapta dondurulmuş bezelye dışındaki diğer malzemeleri birleştirin. Tavuğun üzerine dökün. Kapağını kapatıp kısık ateşte 7-9 saat, yüksek ateşte 3-4 saat pişirin. Servis yapmadan bir saat önce bezelyeleri bir kevgir içinde ılık su altında durulayıp çözdürün ve ardından güvece ekleyin. Bu tavuk yemeğini sıcak pişmiş pilavın üzerinde

servis edin.

Tami'nin Izgara Tavuk Uylukları

İÇİNDEKİLER

-

6 ila 8 dondurulmuş tavuk budu•

-

1 şişe kalın barbekü sosu

HAZIRLIK

1. Dondurulmuş tavuk butlarını yavaş tencereye yerleştirin. Barbekü sosunu üzerine dökün. Kapağı kapatın ve 6-8 saat YÜKSEK sıcaklıkta pişirin.
2. •Not: Çözülmüş tavuk butlarıyla başlıyorsanız, önce derisini çıkarabilir veya yağı azaltmak için kahverengileştirip 6-8 saat DÜŞÜK ayarda pişirebilirsiniz.

Tami'nin Crockpot Tavuğu Mozzarella

İÇİNDEKİLER

- 4 çeyrek tavuk budu

- 2 yemek kaşığı sarımsak biber baharatı

- 1 kutu domates soslu kabak

- 4 ons rendelenmiş mozarella

HAZIRLIK

1. Tavuğu yavaş tencereye yerleştirin ve sosla birlikte atın.
   Kabağı domates soslu tavuğun üzerine dökün. Kapağı
   kapatın ve 6-8 saat DÜŞÜK sıcaklıkta pişirin. Peyniri serpin
   ve peynir eriyene kadar yaklaşık 30 dakika pişirin.

Biberli beyaz tavuk

İÇİNDEKİLER

• 4 adet kemiksiz, derisiz yarım tavuk göğsü, 1/2 inçlik parçalar halinde kesilmiş

• 1/2 bardak doğranmış kereviz

• 1/2 bardak doğranmış soğan

• 2 kutu (her biri 14,5 ons) haşlanmış domates, doğranmış

• 16 oz. med. sos veya acı sos

• 1 kutu nohut veya kuzey fasulyesi, süzülmüş

• 6 ila 8 oz. dilimlenmiş mantarlar

• Zeytin yağı

HAZIRLIK

1. 1 yemek kaşığı zeytinyağında tavukları kızartın. Kereviz, soğan ve mantarları doğrayın. Tüm malzemeleri büyük bir yavaş ocakta birleştirin; karıştırın ve 6-8 saat pişirin. Kruton veya taco ile servis yapın. •Eğer baharatlı seviyorsanız acı sos veya acı sos kullanın.

Yavaş Tencerede Tavuk ve Siyah Fasulye

İÇİNDEKİLER

- 3-4 kemiksiz tavuk göğsü, şeritler halinde kesilmiş

- 1 kutu (12 ila 15 ons) mısır, süzülmüş

- 1 kutu (15 ons) siyah fasulye, durulanmış ve suyu süzülmüş

- 2 çay kaşığı öğütülmüş kimyon

- 2 çay kaşığı biber tozu

- 1 soğan, ikiye kesilmiş ve ince dilimlenmiş

- 1 yeşil biber, şeritler halinde kesilmiş

- 1 kutu (14,5 ons) doğranmış domates

- 1 kutu (6 ons) domates salçası

HAZIRLIK

1. Tüm malzemeleri yavaş bir tencerede birleştirin. Kapağını kapatıp kısık ateşte 5-6 saat pişirin.
2. İstenirse rendelenmiş peynirle süsleyin. Tavuk ve siyah fasulye ziyafetini, ısıtılmış unlu tortilla veya pilavın üzerinde servis edin.
3. Hizmetler 4.

Tavuk ve baharatlar, yavaş pişirici

İÇİNDEKİLER

- 1 torba Baharatlı Doldurma Karışımı, 14 - 16 oz

- 3-4 su bardağı doğranmış tavuk

- 3 kutu tavuk çorbası

- 1/2 bardak süt

- 1 veya 2 su bardağı rendelenmiş hafif kaşar peyniri

HAZIRLIK

1. Dolguyu paketin üzerindeki talimatlara göre hazırlayın ve 5 litrelik bir güvece yerleştirin. 2 kutu kremalı tavuk çorbasını karıştırın. Bir kasede doğranmış tavuğu, 1 kutu kremalı tavuğu ve sütü karıştırın. Dolguyu yavaş bir tencereye yayın. Üzerine peynir serpin. Kapağını kapatın ve düşük ateşte 4-6 saat, yüksek ateşte ise 2-3 saat pişirin.
2. 6 ila 8 arası hizmet verir.

Tavuk ve mantar, yavaş pişirici

İÇİNDEKİLER

- 6 yarım tavuk göğsü, kemiksiz, derisiz

- 1 1/4 çay kaşığı. tuz

- 1/4 çay kaşığı. biber

- 1/4 çay kaşığı. kırmızı biber

- 2 çay kaşığı tavuk suyu granülü

- 1 1/2 su bardağı dilimlenmiş mantar

- 1/2 bardak dilimlenmiş yeşil soğan

- 1/2 bardak sek beyaz şarap

- 2/3 bardak buharlaştırılmış süt

- 5 çay kaşığı. Mısır nişastası

- Taze doğranmış maydanoz

-

sıcak pişmiş pirinç

HAZIRLIK

1. Küçük bir kapta tuz, karabiber ve kırmızı biberi karıştırın. Karışımın tamamını tavuğa sürün.
2. Yavaş pişiricide alternatif tavuk katmanları, et suyu granülleri, mantarlar ve yeşil soğanlar. Şarap dök. KARIŞTIRMA.
3. Kapağı kapatın ve YÜKSEK ayarda 2 1/2-3 saat veya DÜŞÜK ayarda 5-6 saat veya tavuk yumuşayana ancak kemikten

düşmeyene kadar pişirin. Mümkünse pişirme işleminin yarısına kadar bir tanesini yayın.

4. Delikli kaşıkla tavukları ve sebzeleri tabağa alın.
5. Filmle örtün ve sıcak tutun.
6. Küçük bir tencerede buharlaştırılmış süt ve mısır nişastasını pürüzsüz hale gelinceye kadar birleştirin. Yavaş yavaş 2 bardak pişirme sıvısını ekleyin. Orta ateşte karıştırarak kaynatın ve 1 ila 2 dakika veya koyulaşana kadar kaynatın.
7. Tavuğun üzerine biraz sos dökün ve kıyılmış maydanozla süsleyin. Kalan sosu yanında servis edin.
8. Sıcak pişmiş pirinçle servis yapın.

Tavuklu ve Parmesanlı Pilav, Yavaş Tencere

İÇİNDEKİLER

- 1 torba karışık soğan çorbası

- 1 kutu (10 3/4 ons) yoğunlaştırılmış kremalı mantar çorbası, yağı azaltılmış

- 1 kutu (10 3/4 ons) yoğunlaştırılmış kremalı tavuk çorbası, yağı azaltılmış

- 1 1/2 bardak az yağlı veya yağsız süt

- 1 kadeh sek beyaz şarap

- 1 bardak beyaz pirinç

- 6 kemiksiz, derisiz yarım tavuk göğsü

- 2 yemek kaşığı tereyağı

- 2/3 bardak rendelenmiş parmesan

HAZIRLIK

1. Soğan çorbasını, çorbayı, sütü, şarabı ve pirinci karıştırın. Pam'li kil sprey şişesi. Tavuk göğüslerini tencereye koyun, üzerine 1 çay kaşığı tereyağı ekleyin, çorba karışımını dökün ve üzerine Parmesan serpin. Düşük ateşte 8 ila 10 saat, yüksek ateşte ise 4 ila 6 saat pişirin. Hizmetler 6.

Tavuk ve Karides

İÇİNDEKİLER

- 2 kilo kemiksiz, derisiz tavuk budu ve göğsü, parçalar halinde kesilmiş

- 2 yemek kaşığı sızma zeytinyağı

- 1 su bardağı doğranmış soğan

- 2 diş sarımsak, doğranmış

- 1/4 bardak maydanoz, doğranmış

- 1/2 bardak beyaz şarap

- 1 büyük (15 ons) kutu domates sosu

- 1 çay kaşığı kurutulmuş fesleğen yaprağı

- 1 kilo çiğ karides, soyulmuş ve temizlenmiş

- tatmak için tuz ve taze çekilmiş karabiber

- 1 pound fettuccine, linguine veya spagetti

HAZIRLIK

1. Büyük veya yapışmaz bir tavada orta ateşte zeytinyağını ısıtın. Tavuk parçalarını ekleyin ve hafifçe kızarana kadar karıştırarak pişirin. Tavuğu yavaş pişiriciden çıkarın.

2. Tavaya biraz yağ ekleyip soğanı, sarımsağı ve maydanozu 1 dakika kadar kavurun. Ocaktan alıp şarap, domates sosu ve kuru fesleğeni ekleyip karıştırın. Karışımı yavaş pişiricideki tavukların üzerine dökün.

3. Kapağı kapatın ve 4 ila 5 saat boyunca DÜŞÜK sıcaklıkta pişirin.

4. Karidesleri karıştırın, kapağını kapatın ve DÜŞÜK ayarda yaklaşık 1 saat daha pişirin.
5. Damak tadınıza göre tuz ve taze çekilmiş karabiber ile tatlandırın.
6. Yemek hazır olmadan hemen önce makarnayı kaynayan tuzlu suda paketin üzerinde yazdığı şekilde pişirin.

Tavuk ve dolma tarifi

İÇİNDEKİLER

• 4 adet kemiksiz, derisiz yarım tavuk göğsü

• 4 dilim İsviçre peyniri

• 1 kutu (10 1/2 ons) yoğunlaştırılmış kremalı tavuk çorbası

• 1 kutu (10 1/2 ons) yoğunlaştırılmış kremalı mantar çorbası

• 1 su bardağı tavuk suyu

• 1/4 bardak süt

• 2 ila 3 bardak Pepperidge Çiftliği bitki sos karışımı veya ev yapımı sos karışımı

• 1/2 bardak eritilmiş tereyağı •Sandy'nin notlarına bakın

• Tatmak için biber ve tuz

HAZIRLIK

1. Tavuk göğüslerini tuz ve karabiberle tatlandırın; tavuk göğüslerini yavaş tencereye yerleştirin.

2. Tavuk suyunu tavuk göğüslerinin üzerine dökün.

3. Her göğsün üzerine bir dilim İsviçre peyniri koyun.

4. İki kutu çorba ve sütü birleştirin. Tavuk göğüslerini çorba karışımıyla kaplayın.

5. Dolgulu karışımı her yerine serpin. Üzerine eritilmiş tereyağını gezdirin.

6. Kısık ateşte 6-8 saat pişirin.

Creole Creole soslu tavuk göğsü

İÇİNDEKİLER

- 1 demet yeşil soğan (6 ila 8 adet, yeşil kısmın çoğu)

- 2 dilim pastırma

- 1 çay kaşığı Creole veya Cajun baharatı

- 3 yemek kaşığı tereyağı

- 4 yemek kaşığı un

- 3/4 bardak tavuk suyu

- 1 veya 2 yemek kaşığı domates salçası

- 4 adet kemiksiz yarım tavuk göğsü

- 1/4 ila 1/2 bardak yarım buçuk veya süt

HAZIRLIK

1. Bir tencerede, orta kısık ateşte tereyağını eritin. Soğanları ve pastırmayı ekleyin, pişirin ve 2 dakika karıştırın. Unu

ekleyin, karıştırın ve 2 dakika daha pişirin. Tavuk suyunu ekleyin; koyulaşıncaya kadar pişirin ve ardından domates salçasını ekleyin. Tavuk göğüslerini yavaş pişiriciye/güveç kabına yerleştirin; sos karışımını ekleyin. Kapağı kapatın ve 3 saat sonra karıştırarak 6-7 saat pişirin. Devam etmeden yaklaşık 20-30 dakika önce sütü ekleyin. Makarna veya pilavın üzerinde servis yapın.

2. Hizmetler 4.

Hominy ile Acılı Tavuk

İÇİNDEKİLER

• 2 pound tavuk göğsü, kemiksiz ve derisiz, 1 ila 1 1/2 inçlik parçalar halinde kesilmiş

• 1 orta boy soğan, doğranmış

• İnce dilimler halinde kesilmiş 3 diş sarımsak

• 1 kutu (15 oz) beyaz homin, süzülmüş

• 1 kutu (14 ons) doğranmış domates, suyu çekilmemiş

• 1 kutu (28 ons) domates, suyu süzülmüş ve doğranmış

• 1 kutu (4 ons) hafif yeşil biber

HAZIRLIK

1. Tüm malzemeleri yavaş ocakta birleştirin; tüm malzemeleri birleştirmek için karıştırın. Kapağı kapatın ve düşük ateşte 7 ila 9 saat veya yüksek ateşte 4 ila 4 1/2 saat pişirin.
2. 4'ten 6'ya kadar servis edilir.

Tavuk lokumu

İÇİNDEKİLER

- 6 ila 8 kemiksiz, derisiz tavuk göğsü

- limon suyu

- Tatmak için biber ve tuz

- kereviz tuzu veya tatlandırılmış tuz (tadına göre)

- tatmak için kırmızı biber

- 1 kutu kereviz kreması

- 1 kutu mantar çorbası

- 1/3 bardak sek beyaz şarap

- isteğe göre rendelenmiş parmesan

- Pişmiş pirinç

HAZIRLIK

1. Tavuğu durulayın; kuru Limon suyu, tuz, karabiber, kereviz tuzu ve kırmızı biberle tatlandırın. Tavuğu yavaş tencereye yerleştirin. Orta boy bir kapta çorbaları şarapla karıştırın. Tavuk göğüslerinin üzerine dökün. Parmesan serpin. Kapağını kapatıp kısık ateşte 6-8 saat pişirin. Tavuğu sıcak pişmiş pirincin üzerine sosla birlikte servis edin ve parmesan peynirini geçirin.
2. 4'ten 6'ya kadar servis edilir.

Yavaş Tencerede Tavuk Enchiladas

İÇİNDEKİLER

- 1 paket. tavuk göğsü (1 - 1 1/2 pound)

- 1 kavanoz tavuk sosu

- 1 kutu 120 g doğranmış yeşil biber

- 1 soğan, doğranmış

- Mısır ekmeği

- peynirli ograten

HAZIRLIK

1. Yavaş pişiricide tavuk, salsa, yeşil biber ve doğranmış soğanı birleştirin; örtün ve 5 ila 6 saat boyunca DÜŞÜK sıcaklıkta pişirin. Tavukları sosun içinden çıkarıp didikleyin. Mısır ekmeğini tavuk ve salsa ile doldurun. Üzerine rendelenmiş peynir serpin ve yuvarlayın. Tepsiye koyun. Fazla sosu dökün ve üzerine daha fazla rendelenmiş peynir serpin. 350° sıcaklıktaki fırında yaklaşık 15-20 dakika pişirin.
2. 4'ten 6'ya kadar servis edilir.

Las Vegas'ta tavuk

İÇİNDEKİLER

- 6 kemiksiz, derisiz yarım tavuk göğsü

- 1 kutu mantar çorbası

- 1/2 pint. Ekşi krema

- 1 kutu (6 oz.) kıyma, doğranmış

HAZIRLIK

1. Çorbayı, ekşi kremayı ve kurutulmuş dana etini karıştırın. Tavuğu iyice kaplayarak karışımın içinde yuvarlayın; güveç kabına yerleştirin. Kalan karışımı tavukların üzerine dökün. Kapağını kapatın ve tavuk yumuşayıncaya kadar ancak kuruyana kadar 5-7 saat DÜŞÜK sıcaklıkta pişirin. Sıcak pilav veya erişte ile servis yapın.
2. Hizmetler 6.

Yavaş pişirici için Parisli tavuk

İÇİNDEKİLER

- 6 ila 8 tavuk göğsü

- tuz, karabiber ve kırmızı biber

- 1/2 bardak sek beyaz şarap

- 1 kutu (10 1/2 oz) kremalı mantar

- 8 ons dilimlenmiş mantar

- 1 bardak ekşi krema

-

1/4 su bardağı un

HAZIRLIK

1. Tavuk göğüslerini tuz, karabiber ve kırmızı biberle serpin. Yavaş bir tencereye yerleştirin. İyice birleşene kadar şarabı, çorbayı ve mantarları karıştırın. Tavuğun üzerine dökün. Kırmızı biber serpin. Kapağını kapatıp 6 ila 8 saat veya tavuk yumuşayıncaya kadar ancak çok kuru olmayana kadar pişirin. Ekşi krema ve unu karıştırın; tencereye ekleyin. Fırında iyice ısınana kadar 20 dakika daha pişirin.
2. Pirinç veya makarna ile servis yapın.
3. 6 ila 8 arası hizmet verir.

Tavuk Reuben Güveç, Yavaş Tencere

İÇİNDEKİLER

- 32 ons lahana turşusu (kavanoz veya torba), durulanmış ve suyu süzülmüş

- 1 bardak Rus sosu

- 4 ila 6 kemiksiz, derisiz tavuk göğsü

- 1 yemek kaşığı hazır hardal

- 1 bardak rendelenmiş İsviçre peyniri veya Monterey Jack

HAZIRLIK

1. Lahana turşusunun yarısını tencerenin dibine yerleştirin. 1/3 bardak baharatı dökün; Üzerine 2-3 adet tavuk göğsü koyun ve hardalı tavuğun üzerine sürün. Lahana turşusu ve kalan tavuk göğsü ile süsleyin; Her şeyin üzerine bir bardak daha baharat dökün ve kalan baharat bardağını servis için saklayın.
2. Kapağını kapatıp yaklaşık 4 saat veya tavuk iyice pişip yumuşayana kadar pişirin. İsviçre peyniri serpin ve peynir eriyene kadar pişirin.
3. Ayrılmış sosla servis yapın.
4. 4'ten 6'ya kadar servis edilir.

yaban mersini ile tavuk

İÇİNDEKİLER

- 6 kemiksiz, derisiz tavuk göğsü

- 1 küçük soğan, doğranmış

- 1 su bardağı taze yaban mersini

- 1 çay kaşığı tuz

- 1/4 çay kaşığı öğütülmüş tarçın

- 1/4 çay kaşığı öğütülmüş zencefil

- 3 yemek kaşığı esmer şeker veya bal

- 1 bardak portakal suyu

- 2 yemek kaşığı soğuk suyla karıştırılmış 3 yemek kaşığı un

HAZIRLIK

1. Un ve su karışımı dışındaki tüm malzemeleri yavaş tencereye veya tencereye koyun. Kapağını kapatıp tavuklar yumuşayıncaya kadar 6-7 saat pişirin. Son 15-20 dakikada unlu karışımı ekleyip koyulaşana kadar pişirin. Baharatları tadın ve ayarlayın.
2. Hizmetler 4.

Soslu ve Soslu Tavuk, Yavaş Tencere
İÇİNDEKİLER

- 1 paket (6 ons) terbiyeli doldurma kırıntıları ("soba" tipi doldurma karışımı)

- 1 büyük patates, küçük küpler halinde kesilmiş

- 1 demet doğranmış yeşil soğan

- 2 sap kereviz, doğranmış

- 1/2 bardak su

- 3 yemek kaşığı tereyağı, bölünmüş

- 1 çay kaşığı kümes hayvanı baharatı, bölünmüş

- 1 ila 1 1/2 pound kemiksiz tavuk filetosu veya göğsü

- 1 kavanoz (12 ons) Heinz Homestyle Chicken Gravy gibi tavuk sosu

HAZIRLIK

1. Hafifçe yağlanmış veya püskürtülmüş bir tencerede, doldurma kırıntılarını doğranmış patates, yeşil soğan,

kereviz, 2 yemek kaşığı eritilmiş tereyağı ve 1/2 bardak su ile birleştirin. Yaklaşık 1/2 çay kaşığı kümes hayvanı baharatı serpin. Tavuk parçalarıyla üst doldurma; kalan tereyağını ve tavuk baharatını gezdirin. Sosu tavukların üzerine dökün. Kapağını kapatıp kısık ateşte 6-7 saat pişirin.

Makarna ve Füme Gouda Peynirli Tavuk

İÇİNDEKİLER

- 1 1/2 pound yumuşak, kemiksiz tavuk

- 2 küçük kabak, ikiye bölünmüş ve 1/8 inç kalınlığında dilimlenmiş

- 1 paket tavuk sosu karışımı (yaklaşık 1 ons)

- 2 yemek kaşığı su

- Tatmak için biber ve tuz

- bir tutam öğütülmüş küçük hindistan cevizi (mümkünse taze)

- 8 ons füme Gouda peyniri, rendelenmiş

- 2 yemek kaşığı buharlaştırılmış süt veya sıvı krema

- 1 büyük domates, doğranmış

- 4 su bardağı pişmiş makarna veya küçük kabuklu makarna

HAZIRLIK

1. Tavuğu 1 inçlik küpler halinde kesin; güveç kabına yerleştirin. Kabağı, sosu, suyu ve baharatları ekleyin.

Kapağını kapatıp kısık ateşte 5-6 saat pişirin. Son 20 dakikada veya makarna pişerken füme goudayı, sütü veya kremayı ve doğranmış domatesi tencereye ekleyin. Sıcak pişmiş makarnayı karıştırın.

2. Tavuk tarifi 4 kişiliktir.

Soğanlı ve mantarlı tavuk, yavaş pişirici

İÇİNDEKİLER

- 4 ila 6 kemiksiz tavuk göğsü, 1 inçlik parçalar halinde kesilmiş

- 1 kutu (10 3/4 ons) kremalı tavuk veya kremalı tavuk ve mantar çorbası

- 8 ons dilimlenmiş mantar

- 1 torba (16 ons) dondurulmuş taze soğan

- Tatmak için biber ve tuz

- garnitür için kıyılmış maydanoz

HAZIRLIK

1. Tavuğu yıkayıp kurulayın. Yaklaşık 1/2 ila 1 inçlik parçalar halinde kesin ve büyük bir kaseye yerleştirin. Çorbayı, mantarları ve soğanı ekleyin; birleştirmek için karıştırın. Yavaş pişirici parçayı pişirme spreyi ile püskürtün.
2. Tavuk karışımını tencereye dökün ve üzerine tuz ve karabiber serpin.
3. Kapağı kapatın ve mümkünse yarıya kadar karıştırarak 6-8 saat DÜŞÜK sıcaklıkta pişirin.
4. İstenirse doğranmış taze maydanozla süsleyin ve sıcak pişmiş pirinç veya patatesin üzerine servis yapın.
5. 4'ten 6'ya kadar servis edilir.

Ananaslı Tavuk

İÇİNDEKİLER

- 1 ila 1 1/2 pound tavuk kanadı, 1 inçlik parçalar halinde kesilmiş

- 2/3 bardak ananas reçeli

- 1 yemek kaşığı artı 1 çay kaşığı teriyaki sosu

- 2 diş ince dilimlenmiş sarımsak

- 1 yemek kaşığı doğranmış kuru soğan (veya 1 demet taze yeşil soğan, doğranmış)

- 1 yemek kaşığı limon suyu

- 1/2 çay kaşığı öğütülmüş zencefil

- tatmak için biraz kırmızı biber

- 1 paket (10 ons) şekerli bezelye, çözülmüş

HAZIRLIK

1. Tavuk parçalarını yavaş pişiriciye/tencereye yerleştirin.
2. Reçelleri, teriyaki sosunu, sarımsağı, soğanı, limon suyunu, zencefili ve kırmızı biberi birleştirin; iyice karıştırın Tavuğu ekleyin, kaplayın.
3. Kapağını kapatıp kısık ateşte 6-7 saat pişirin. Son 30 dakikada bezelyeleri ekleyin.
4. Hizmetler 4.

Ülke Kaptanı Tavuk

İÇİNDEKİLER

- 2 orta boy Granny Smith elması, soyulmuş ve doğranmış (soyulmamış)

- 1/4 bardak ince doğranmış soğan

- 1 küçük yeşil biber, çekirdekleri çıkarılmış ve ince doğranmış

- 3 diş sarımsak, doğranmış

- 2 yemek kaşığı kuru üzüm veya kuş üzümü

- 2 veya 3 çay kaşığı köri tozu

- 1 çay kaşığı öğütülmüş zencefil

- 1/4 çay kaşığı öğütülmüş kırmızı biber veya tadı

- 1 kutu (yaklaşık 14 1/2 oz) doğranmış domates

- 6 derisiz, kemiksiz yarım tavuk göğsü

- 1/2 su bardağı tavuk suyu

- 1 bardak uzun taneli beyaz pirinç

- 1 pound orta boy karides, soyulmuş ve kemiği alınmış, çiğ, isteğe bağlı

- 1/3 su bardağı file badem

- koşer tuzu

- Kıyılmış maydanoz

HAZIRLIK

1. 4 ila 6 litrelik yavaş pişiricide doğranmış elmaları, soğanı, dolmalık biberi, sarımsağı, altın kuru üzümleri veya kuş

üzümünü, köri tozunu, zencefili ve öğütülmüş kırmızı biberi birleştirin; domatesleri karıştırın.

2. Tavuğu, parçaları hafifçe üst üste gelecek şekilde domates karışımının üzerine yerleştirin. Tavuk suyunu tavuk göğsü yarımlarının üzerine dökün. Kapağı kapatın ve tavuk çatalla delindiğinde iyice yumuşayana kadar, yaklaşık 4 ila 6 saat, DÜŞÜK ayarda pişirin.

3. Tavuğu sıcak bir tabağa alın, üzerini hafifçe örtün ve 200°F fırında veya fırın tepsisinde sıcak tutun.

4. Pirinci pişirme sıvısına karıştırın. Sıcaklığı maksimuma yükseltin; kapağını kapatın ve bir veya iki kez karıştırarak pirinç neredeyse yumuşayana kadar yaklaşık 35 dakika pişirin. Kullanıyorsanız karidesleri karıştırın; örtün ve karideslerin ortası opaklaşana kadar yaklaşık 15 dakika daha pişirin; deneme kesimi

5. Bu arada, bademleri küçük yapışmaz bir tavada, orta ateşte, ara sıra karıştırarak, altın rengi kahverengi olana kadar kızartın. Bir kenara bırakmak

6. Yemeği servis etmek için pirinç karışımını tuzla tatlandırın. Servis yapmak için sıcak bir tabağa monte edin; üstüne tavukları dizin. Maydanoz ve badem serpin.

Köy tavuğu ve mantar

İÇİNDEKİLER

-

1 kavanoz saha sosu

-

4-6 tavuk göğsü

-

8 ons dilimlenmiş mantar

-

Tatmak için biber ve tuz

HAZIRLIK

1. Tüm malzemeleri birleştirin; kapağını kapatıp 6-7 saat pişirin. Pirinç veya makarna ile servis yapın.
2. 4'ten 6'ya kadar servis edilir.

P

Yaban Mersinili Ekmek

İÇİNDEKİLER

- 2 pound derisiz, kemiksiz tavuk göğsü

- 1/2 bardak doğranmış soğan

- 2 çay kaşığı bitkisel yağ

- 2 çay kaşığı tuz

- 1/2 çay kaşığı öğütülmüş tarçın

- 1/4 çay kaşığı öğütülmüş zencefil

- 1/8 çay kaşığı öğütülmüş hindistan cevizi

- bir tutam kırmızı biber

- 1 bardak portakal suyu

- 2 çay kaşığı ince rendelenmiş portakal kabuğu

- 2 bardak taze veya dondurulmuş yaban mersini

- 1/4 su bardağı esmer şeker

HAZIRLIK

1. Tavuk parçalarını ve soğanı yağda kızartın; tuz serpin.
2. Tavaya kavrulmuş tavukları, soğanları ve diğer malzemeleri ekleyin.
3. Kapağı kapatın ve DÜŞÜK 5 1/2 ila 7 saat pişirin.
4. İstenirse, pişirme süresinin sonuna doğru meyve sularını, 2 yemek kaşığı soğuk suyla karıştırılmış yaklaşık 2 yemek kaşığı mısır nişastası karışımıyla koyulaştırın.

Kremalı İtalyan Tavuğu

İÇİNDEKİLER

- 4 adet kemiksiz, derisiz yarım tavuk göğsü

- 1 torba İtalyan salata sosu

- 1/3 bardak su

- 1 paket (8 ons) krem peynir, yumuşatılmış

- 1 kutu (10 3/4 oz) yoğunlaştırılmış kremalı tavuk çorbası, seyreltilmemiş

- 1 kutu (4 ons) mantar sapları ve parçaları, süzülmüş

- Sıcak pişmiş pirinç veya erişte

HAZIRLIK

1. Tavuk göğsü yarımlarını yavaş tencereye yerleştirin. Salata sosunu ve suyu birleştirin; tavukların üzerine dökün. Kapağı kapatın ve 3 saat boyunca DÜŞÜK sıcaklıkta pişirin. Küçük bir kapta krem peyniri ve çorbayı karışana kadar çırpın. Mantarları birleştirin. Krem peynirli karışımı tavukların üzerine dökün. 1 ila 3 saat daha veya tavuk suları berraklaşana kadar pişirin. İtalyan tavuğunu sıcak pişmiş pirinç veya erişte ile servis edin.
2. Hizmetler 4.

Crockpot Tavuklu Lazanya

İÇİNDEKİLER

- 2 büyük yarım tavuk göğsü, kemiksiz

- 2 adet doğranmış kereviz sapı

- 1 küçük soğan (doğranmış) veya 1 veya 2 yemek kaşığı kuru doğranmış soğan

- 1/2 çay kaşığı kekik

- Tatmak için biber ve tuz

- 6'dan 9'a kadar lazanya

- 1 paket dondurulmuş ıspanak, çözülmüş ve sıkılmış

- 6 ons taze mantar, kalın dilimlenmiş veya 1 4 ila 8 onsluk kutu

- 1 1/2 bardak rendelenmiş Çedar ve Amerikan peyniri karışımı

- 1 kutu "hafif" mantar kreması.

- 1 kutu yeşil biberli domates

- 1 paket (1 ons) kuru tavuk sosu karışımı

-
Ayrılmış 3/4 bardak et suyu

HAZIRLIK

1. 2 litrelik bir tencerede tavuk göğüslerini kereviz, soğan, kekik, tuz ve karabiberle birlikte yumuşayana kadar yaklaşık 25 dakika pişirin. Tavuğu çıkarın ve soğumaya bırakın; küçük parçalar halinde kesin veya doğrayın. 3/4 bardak et suyunu ayırın. Kalan stoku atın veya başka bir tarifte kullanmak üzere dondurun. Lazanyayı ikiye bölün;

hafifçe esnekleşinceye kadar yaklaşık 5-8 dakika kaynatın. İşlemi kolaylaştırmak için boşaltın ve soğuk suyla durulayın.

2. Orta boy bir kapta çorbayı, domatesleri, salsayı ve ayrılmış et suyunu birleştirin. 3 1/2 ila 4 litrelik yavaş pişiriciye çorba karışımının 3/4 fincanını dökün. Çorba karışımının üzerine 4 ila 6 yarım lazanya koyun. Ispanağın 1/3'ünü, tavuğun 1/3'ünü, mantarların 1/3'ünü ve 1/2 su bardağı rendelenmiş peyniri ekleyin. Her şeyin üzerine 3/4 bardak çorba karışımı daha dökün. Kalan çorba karışımıyla bitirerek katmanları 2 kez daha tekrarlayın. Kapağını kapatıp kısık ateşte 4 veya 5 saat pişirin. Çok uzun süre pişirilirse erişteler yumuşak hale gelebilir, bu nedenle yaklaşık 4 1/2 saat sonra kontrol edin.

3. Hizmetler 4.

Crockpot Tavuk Reuben Güveç

İÇİNDEKİLER

- 2 torba (her biri 16 ons) lahana turşusu, durulanmış ve suyu süzülmüş

- 1 fincan hafif veya düşük kalorili Rus salatası, bölünmüş

- 6 kemiksiz, derisiz yarım tavuk göğsü

- 1 yemek kaşığı hazır hardal

- 4 ila 6 dilim İsviçre peyniri

- garnitür için taze maydanoz, isteğe bağlı

HAZIRLIK

1. Lahana turşusunun yarısını 3 1/2 litrelik elektrikli yavaş pişiriciye yerleştirin. Pansumanın yaklaşık 1/3 fincanını gezdirin. 3 yarım tavuk göğsünü örtün ve hardalı tavuğun üzerine yayın. Lahana turşusu ve kalan tavuk göğsü ile süsleyin. Güvecin üzerine bir bardak sos daha dökün. Servis yapmaya hazır olana kadar kalan pansumanı soğutun. Kapağı kapatın ve yaklaşık 3 1/2-4 saat veya tavuk tamamen beyaz ve yumuşak oluncaya kadar pişirin.

2. Servis yapmak için güveci 6 tabağa dökün. Bir dilim peynirle süsleyin ve üzerine birkaç çay kaşığı Rus sosu gezdirin. İstenirse taze maydanozla süsleyerek hemen servis yapın.

3. Hizmetler 6.

Sağlam Güveçte Tavuk

İÇİNDEKİLER

- 4 ila 8 kemiksiz, derisiz tavuk göğsü

- 1 şişe (8 oz) Wishbone Robusto İtalyan Sosu

- 1 lb'lik torba yumurtalı erişte

- 115 gram. Ekşi krema

- 1/2 bardak Parmesan artı servis için daha fazlası

HAZIRLIK

1. Tavuk göğüslerini tavaya yerleştirin. İtalyan baharatını dökün. Kapağı kapatın ve düşük ateşte 7 saat veya yüksek ateşte 3 1/2 saat pişirin. Tavuğu tavadan çıkarın; ateşi açık bırak. Ekşi kremanın yarısını meyve sularına ekleyin ve eriyene kadar karıştırın. Isın.
2. Erişteleri iyice haşlayıp süzün. Kalan ekşi kremayı ve Parmesan'ı eriştelere ekleyin ve eriyene kadar karıştırın. Tavuğu eriştelerin üzerine servis edin ve sosu tavuğun üzerine dökün.
3. Tadına göre parmesan serpin.

Enginarlı Crockpot Tavuk

İÇİNDEKİLER

- 1 1/2 ila 2 pound kemiksiz, derisiz yarım tavuk göğsü

- 8 ons dilimlenmiş taze mantar

- 1 kutu (14,5 ons) doğranmış domates

- 1 paket dondurulmuş enginar, 8 ila 12 ons

- 1 su bardağı tavuk suyu

- 1/2 bardak doğranmış soğan

- 1 kutu (3-4 ons) dilimlenmiş olgun zeytin

- 1/4 bardak sek beyaz şarap veya tavuk suyu

- 3 yemek kaşığı çabuk pişen tapyoka

- 2 çay kaşığı köri tozu veya tadına göre

- 3/4 çay kaşığı kurutulmuş kekik, doğranmış

- 1/4 çay kaşığı tuz

- 1/4 çay kaşığı biber

- 4 bardak sıcak pişmiş pirinç

HAZIRLIK

1. Tavuğu durulayın; kurutun ve bir kenara koyun. 3 1/2 ila 5 litrelik yavaş pişiricide mantarları, domatesleri, enginar kalplerini, tavuk suyunu, doğranmış soğanı, dilimlenmiş zeytinleri ve şarabı birleştirin. Tapyoka, köri tozu, kekik, tuz ve karabiberi karıştırın. Tavuğu tavaya ekleyin; Domates karışımının bir kısmını tavuğun üzerine gezdirin.
2. Kapağı kapatın ve 7-8 saat DÜŞÜK sıcaklıkta veya 3 1/2-4 saat YÜKSEK sıcaklıkta pişirin. Sıcak pişmiş pirinçle servis yapın.
3. 6-8 porsiyon için.